ISL AND

D1728428

Reisen mit MARCO POLO
Insider-Tipps

MARCO POLO
TOP-HIGHLIGHTS

HARPA ⭐
Die Fensterfronten des Konzerthauses verzaubern mit ihrem natürlichen und mit dem künstlichen Lichterspiel.
📷 *Tipp: Die Fenster des Treppenhauses sind besonders fotogen.*

➤ S. 44, Reykjavík

ÞINGVELLIR ⭐
Die Geburtsstätte Islands – hier wurden der Freistaat und die Republik ausgerufen (Foto).

➤ S. 53, Reykjavík

GEYSIR ⭐
Der Große Geysir und sein kleiner Bruder Strokkur schießen regelmäßig ihre Fontänen hoch.
📷 *Tipp: Fang die Wasserglocke kurz vorm Ausbruch ein.*

➤ S. 61, Der Süden

HEKLA ⭐
Ab und zu spuckt Islands aktivster Vulkan Feuer, daher galt er jahrhundertelang als Tor zur Hölle.

➤ S. 63, Der Süden

JÖKULSÁRLÓN ⭐
Mit dem Boot zwischen schimmernden Eisbergen fahren und wie einst James Bond den Zauber der Eiswelt genießen.

➤ S. 72, Der Osten

MÝVATN ⭐
An diesem See sind Lavaskulpturen, Pseudokrater, Vulkane und alle Entenarten des Landes vereint.
📷 *Tipp: Die Mitternachtssonne verzaubert den See mit den kleinen Inseln.*

➤ S. 82, Der Norden

DETTIFOSS ⭐

Wie ein kleiner Bruder der Niagarafälle wirkt der größte Wasserfall Europas, dessen Wassermassen 44 m in die Tiefe donnern und anschließend durch die Schlucht Jökulsárgljúfur gen Norden fließen.

➤ S. 83, Der Norden

DYNJANDI ⭐8

Islands schönster Wasserfall liegt im Nordwesten. Fächerförmig stürzen die zahlreichen Kaskaden hinab.
📷 *Tipp: Mit langer Belichtungszeit aufnehmen, um den Schleier zu erhalten.*

➤ S. 94, Der Westen

LÁTRABJARG ⭐

Die westlichste Klippe des Landes mit Tausenden von Seevögeln in den Steilwänden erstreckt sich über 14 km, und in 400 m Tiefe tobt die See.
📷 *Tipp: Leg dich auf Augenhöhe mit den Vögeln.*

➤ S. 95, Der Westen

ASKJA ⭐10

Die Caldera ist ein Naturmonument, in dessen Zentrum Islands zweittiefster See ruht.

➤ S. 113, Das Hochland

INHALT

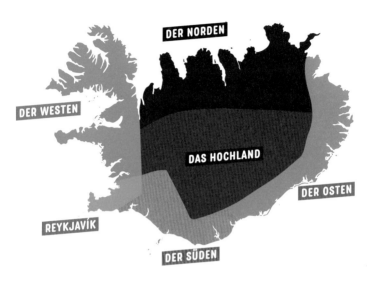

DER NORDEN

DER WESTEN

DAS HOCHLAND

DER OSTEN

REYKJAVÍK

DER SÜDEN

🕐   Besuch planen   🍴 Essen/Trinken

€–€€€ Preiskategorien   🛍 Shoppen

                        🍸 Ausgehen

(🗺 A2) Herausnehmbare Faltkarte
(🗺 a2) Zusatzkarte auf der Faltkarte
(0) Außerhalb des Faltkartenausschnitts

BESSER PLANEN MEHR ERLEBEN!

Digitale Extras
go.marcopolo.de/app/isl

DAS BESTE ZUERST

Scheinbar mit der Landschaft verschmolzen: Grassodenhäuser

BEST OF ☂

BEI REGEN

SCHÖN, AUCH WENN ES REGNET

ALLES UNTER EINEM DACH
Ein Regentag ist ideal, um Einkäufe zu erledigen und vielleicht noch einen neuen Film im Original zu sehen. Die beiden Malls *Kringlan* in Reykjavík und *Smáralind* in Kópavogur bieten zahlreiche Geschäfte und dazu riesige Kinos.
➤ S. 48, Reykjavík

WASSER VON ALLEN SEITEN
In Reykjavík gibt es nicht nur das große und bekannte Schwimmbad *Laugardalur*, sondern noch etliche andere. Bei Regen oder Schnee gemütlich im Hot Pot zu sitzen, ist wirklich ein Genuss. Wenn es mal etwas frisch am Kopf wird, einfach kurz untertauchen.
➤ S. 49, Reykjavík

GLETSCHERZAUBER
Studien des vielfarbigen Gletscherwassers verbunden mit einer schönen Aussicht ermöglicht die „Wasserbibliothek" *Vatnasafn* in Stykkishólmur. Es ist zugleich ein stiller Ort der Meditation – erdacht von der Künstlerin Roni Horn.
➤ S. 96, Der Westen

MUSIK IN DER KIRCHE
Während der Sommermonate finden regelmäßig Mittagskonzerte in der *Hallgrímskirkja* von Reykjavík statt. Die Akustik der Kirche ist ausgezeichnet, ihr heller Innenraum angenehm schnörkellos (Foto).
➤ S. 46, Reykjavík

STRANDSPAZIERGANG
Die wohl schönsten Strände Isands liegen westlich von Vík: Das Wasser gurgelt über die schwarzen Lavakiesel, und man kann einige Kilometer laufen. Regenzeug schützt bei dem Spaziergang, falls die Wellen stärker heranbrausen.
➤ S. 67, Der Süden

BEST OF
LOW-BUDGET
FÜR DEN KLEINEN GELDBEUTEL

WIE FUNKTIONIERT GEOTHERMIE?

In *Hveragerði* kannst du an zahlreichen Stellen sehen, wie die Erdwärme in den Gewächshäusern und für die Außenbeete der Gartenbauschule verwendet wird. Im Thermalgebiet wirst du über die unterschiedlichen Dampf- und Wasserquellen informiert (Foto).
➤ S. 58, Der Süden

REYKJAVÍK-FANS

Die *Reykjavík City Card* ist die optimale Voraussetzung, um günstig die ganze Stadt zu erfahren und vor allem Schwimmen zu gehen. Wenn du Lust hast, kannst du alle Bäder ausprobieren – einfach Karte zeigen.
➤ S. 48, 44, Reykjavík

DUNKLE ZEITEN

Finster wirkt die Ruine des Langhauses *Stöng* aus dem 11. Jh. Doch daran gewöhnst du dich bald und erkundest den alten Bauernhof. Es ist eines der wenigen Gebäude aus dem Mittelalter – den dunklen Zeiten – und wurde nach einem Vulkanausbruch Jahrhunderte lang von Bimsasche begraben. Auf dem Weg ins Hochland lohnt sich dieser Abstecher zur Straße Nr. 32.
➤ S. 110, Das Hochland

FLUGHAFEN – HIN UND ZURÜCK

Wenn du das *Fly-Bus-Ticket* für beide Strecken im Internet kaufst, bezahlst deutlich weniger als für die jeweiligen Einzelfahrscheine. Im Grunde lässt sich das ja auch gut planen.
➤ S. 124, Gut zu wissen

GESUNDER GENUSS

Mach es wie die Reykjavíker und iss mittags eine Schale Salat – reichlich, gesund und preiswert (2000–2800 ISK) in einer der vielen *Salatbars*. Du findest sie in Lebensmittelgeschäften wie Nóatún, Hagkaup oder Nýkaup.

BEST OF

MIT KINDERN

SPANNENDES FÜR GROSS & KLEIN

TIERE GANZ NAH

Ziemlich nah kannst du Islands Tierwelt im *Haustiergarten in Reykjavík* sehen. Dazu gehören auch Robben, Graugänse, Rentiere, Nerze und Polarfüchse. *Sommer tgl. 10–18, Winter 10–17 Uhr | Eintritt 980 ISK, Kinder (5–12 J.) 750 ISK | Engjavegur | mu.is*

TIERE IN DER FERNE

Vor allem an der Westseite der Halbinsel Vatnsnes kannst du *Robben beobachten*. Sie liegen auf den Felsen und am Strand (Foto). Svalbarð und Illugastaðir sind ideale Plätze dafür. Bootsausflüge für *Walbeobachtungen* sind in Húsavík ein besonderes Erlebnis.

➤ S. 84, Der Norden

EIS UND HEISS

Wie funktioniert ein Vulkan? Was ist Lava? Wie sieht es in einem Gletscher aus? Warum ist Eis blau? Alles Fragen, auf die du in „*Wonders of Iceland*" im Perlan Antworten findest. Hier hast du alles: von der Gletscherhöhle bis zum Polarlicht, vom Meer bis zum Vulkan.

➤ S. 47, Reykjavík

EISBERGE ZUM ANFASSEN

Auf der *Gletscherlagune Jökulsálón* fährst du mit Booten dicht an die Eisberge und kannst sogar ein Stückchen Eis lutschen.

➤ S. 72, Der Osten

REITEN

Islandpferde sind freundlich und vor allem nicht so hoch: ideal, um die ersten Reiterlebnisse zu sammeln. Reiterhöfe wie *Elðhestar in Vellir* für kleine und große Reiter gibt es vor allem in Südisland.

➤ S. 58, Der Süden

HÖHLEN

Hinein in die tiefen *Lavahöhlen* geht es mit Lampe und Helm. Hier haben früher auch Menschen gehaust.

➤ S. 107, Das Hochland

BESTES AUS WOLLE

Der traditionelle Islandpullover ist eine ideale Outdoorbekleidung, und bei *Víkurprjón* in Vík gibt es eine große Auswahl der handgestrickten Modelle mit dem typischen Kragenmuster. Alternativ kannst du ihn – typisch isländisch – selber stricken.

➤ S. 31, Shoppen & Stöbern

TANZ AUF DEM VULKAN

Die Insel *Heimaey* ist ein hervorragendes Beispiel, wie man die Folgen bedrohlicher Naturgewalten positiv nutzt: die heiße Lava zum Erwärmen des Wassers, Ruinen und Ausgrabungen als touristische Attraktion. Außerdem sind die Bewohner glücklich über den durch die Lavamassen geschützten Hafen.

➤ S. 63, Der Süden

STÜRZENDE WASSER

Island und Wasserfälle gehören einfach zusammen. Tausende findet man überall auf der Insel, viele täglich bestaunt, manche völlig verborgen, doch der schönste ist der fächerförmige *Dynjandi*, „Der Donnernde", im Nordwesten (Foto).

➤ S. 94, Der Westen

BRODELNDE ERDE

Nur dünn ist mancherorts die Erdkruste in Island, und so brodelt, zischt und dampft es dort ganz erheblich. Wenn dann noch Schwefel dabei ist, wird es noch extra zu einem „Geruchserlebnis" wie im *Námaskarð* beim Mývatn.

➤ S. 82, Der Norden

LAVAWÜSTEN

Island ist ein Land der Vulkane, die regelmäßig ausbrechen. Als Folge gibt es den Ascheflug und die Lavaergüsse. Über Jahrhunderte sind diese wunderschönen weiten Lava- und Schotterwüsten, wie z. B. *Ódáðahraun* im Hochland, entstanden.

➤ S. 111, Das Hochland

SO TICKT ISLAND

Kunterbunte Straße im beschaulichen Seyðisfjörður

ENTDECKE ISLAND

Am gewaltigen Dettifoss-Wasserfall sollte man wasserdichte Kleidung tragen

Island ist ein Land voller Gegensätze, Überraschungen und Geheimnisse. In dieser archaischen Vulkanlandschaft fühlst du dich in die Urzeit der Erdentstehung versetzt. Daneben ruhen große Gletscher, an den Küsten sind die schönsten Lavastrände, zahllose Wasserfälle donnern in die Tiefe und warme Hot Pots laden zum Baden ein.

NATUR IM ÜBERFLUSS

Die Vielfalt der Landschaften ist die größte Attraktion der Insel im Nordatlantik. Im Süden findest du ausgedehnte Weiden und wenige Kilometer entfernt breite, schwarze Strände, an denen sich die weiße Gischt der Wellen bricht. Die Zungen der riesigen Gletscher reichen fast bis ans Meer. Im Osten ragen die steilen Basaltplateaus empor, in die sich tiefe Fjorde und enge Gebirgstäler gegraben haben.

874 Ingólfur Arnarson lässt sich dauerhaft in Island nieder

930 Gründung des Althings und des isländischen Freistaats

1000 Die Isländer werden Christen

1380 Island fällt an Dänemark

1874 Neue Verfassung, Wiedereinsetzung des Althings

1918 Unionsvertrag zwischen Dänemark und Island

1944 Ausrufung der Republik Island in Þingvellir

Im Norden liegen breite Täler und der längste Fjord des Landes, der Eyjafjörður. Den Nordwesten kennzeichnet eine fjorddurchzogene Küstenlandschaft, die im äußersten Norden menschenleer ist. Während der harten Winter kommt es dort häufig zu Lawinen, die im günstigsten Fall nur die Straße versperren. Das Hochland ist eine weite Lava- und Geröllwüste, eine lebensabweisende Mondlandschaft mit einsam aufragenden Bergen. Dazu kommen Hunderte von Wasserfällen: versteckt, donnernd, mächtig und schön, manche mit Geschichten und andere so klein, dass man meinen könnte, sie wären noch unentdeckt. All das ist vereint auf einer Insel, deren nächste Nachbarn Grönland (300 km nordwestlich) und die Färöer-Inseln (500 km südöstlich) sind. Island ist ein Land der Stille – vielerorts kannst du das intensive Gefühl erleben, nichts weiter zu hören als die Geräusche der Natur: Das Klickern des Meeres, wenn es über die Strandkiesel läuft, das Rauschen der Wasserfälle oder der vielstimmige Gesang der Vögel.

DIE BRODELNDE INSEL

Gefährlich dünn ist an manchen Stellen die Erdkruste in Island, und die brodelnden, dampfenden Löcher gewähren den Blick ins glühende Innere unseres Planeten. Doch was für die Menschen im Mittelalter nur bedrohlich und fremd war, was sie sich als Teufelswerk und Eingang zur Hölle erklärten, das wissen die Isländer des 21. Jhs. trefflich zu nutzen. Die Lava dient als Baumaterial, die Erdenergie wird in Strom umgewandelt und das heiße Wasser wärmt Häuser und

1952–74
„Kabeljaukriege": Kampf um die 200-Meilen-Zone

1993 / 2001
Beitritt zum Europäischen Wirtschaftsraum und zum Schengen-Abkommen

2008
Drohender Staatsbankrott nach Finanz- und Bankenkrise

2016
Skandal um Panama Papers führt zum Rücktritt des Premiers

2022
Tourismusboom nach Coronapandemie. Erneuter Vulkanausbruch auf der Reykjanes-Halbinsel

Schwimmbäder. Die Isländer haben perfekt gelernt, auf dem Vulkan zu tanzen. Der Reichtum des Landes ist seine vulkanische Natur, Lebensgrundlage für die rund 370 000 Menschen, die hier leben.

EIN BLICK ZURÜCK

Die Isländer lieben ihre Insel mit der fantastischen Natur, die sie genauso geprägt hat wie ihre Herkunft und Geschichte. Noch immer fühlen sie sich als echte Nachfahren der Nordmänner, die von Norwegen kamen. Der verwegene Flóki landete 865 im Nordwesten an, aber er fand die Insel zu unwirtlich und eisig, und gab ihr deshalb den Namen Island (Eisland). Doch schon zehn Jahre später begann die dauerhafte Besiedlung. Über 300 Jahre währte diese „goldene Zeit", in der das Land eine kulturelle Blüte erlebte. Nach 1262 begannen finsterere Zeiten. Unter dänischer Herrschaft wurde der freie Handel eingeschränkt, die staatliche sowie die rechtliche Selbstbestimmung verschwanden und etliche Naturkatastrophen verwüsteten das Land. Hungersnöte, Epidemien und tiefste Armut waren die Folgen. Erst seit 1944 ist Island eine unabhängige Republik.

NATUR SCHAFFT REICHTUM

Island ist ein modernes Land, und schon so manche Reisende waren enttäuscht, dass die Menschen nicht mehr in kleinen Grassodenkaten leben, sondern in mehrstöckigen Betonhäusern – in erdbebenfester Bauweise. Doch der Sprung in die Neuzeit erfolgte erst mit der amerikanischen Besatzung während des Zweiten Weltkriegs. Reykjavík wuchs geradezu sprunghaft. Auch heute herrscht in der Hauptstadt überbordende Bautätigkeit. Die Wirtschaft Islands fußt auf ihrer Energie, den Fischgründen und einem stetig wachsenden Tourismus. Ganzjährig lädt man die Besucher ins Land. Im Sommer locken die drei hellen Monate, in denen kaum jemand zu schlafen scheint und viele bis Mitternacht draußen arbeiten. In dieser Zeit explodiert die Flora geradezu, und die tief stehende Mitternachtssonne verwandelt die Landschaften in vergoldete Zauberwelten und lässt die vergletscherten Bergspitzen in tiefroten und violetten Tönen leuchten. Im September und frühen Oktober dominieren die Herbstfarben und die Hänge und Ebenen wirken wie bunte Flickenteppiche. Während der langen Winternächte kannst du das faszinierende Schauspiel der tanzenden, schwingenden Nordlichter erleben – immer wieder magisch, mythisch und verzaubernd.

HIER IST IMMER WAS LOS

Wer Abenteuer sucht, der findet sie in Island. Es geht hinauf auf die Gletscher und hinein in die Eis- oder Lavahöhlen, Jeepfahrten im Hochland, Rafting auf den Gletscherflüssen oder tagelange Wanderungen in der Einsamkeit. Einmal auf einem Islandpferd sitzen oder Papageitaucher beobachten – du findest sicher das Richtige. Und auch ohne den nächsten Vulkanausbruch ist Island eines wirklich nicht: langweilig.

AUF EINEN BLICK

368.800
Einwohner

Wuppertal: 362.350

99,2 %
Haushalte mit Internet

Deutschland: 94,4 %

6088 km
Küstenlänge

Gesamtküstenlänge Deutschland: 2389 km

103.000 km²
Fläche

Bayern und Baden-Württemberg: 106.300 km²

GRÖSSTER GLETSCHER:

VATNAJÖKULL
8300 KM²
Oberfläche

WÄRMSTE MONATE
JULI/ AUGUST 13°C

BELIEBTESTE REISEZEIT
JUNI– AUGUST

FLÄCHE DES NATIONALPARKS VATNAJÖKULL:
14.347 KM²

REYKJAVÍK

Größte Stadt mit ca. 130.000 Einwohnern

BERÜHMTESTE PERSONEN
Leifur Eiríksson
Björk

850 PKWS AUF 1000 EINWOHNER

ISLAND VERSTEHEN

AMERIKA

Warum heißt der internationale Flughafen Leifur Eiríksson? Weil der Isländer Leifur lange vor Kolumbus Amerika entdeckt hat. Sein legendärer Vater Eirík der Rote hatte Grönland 982 erkundet und besiedelt. Leifur schipperte von dort gen Westen, er wollte neues Land entdecken. Im Jahr 1000 machte er sich auf. Er landete an drei Plätzen im heutigen Kanada, die er Helluland, Markland und Vínland nannte. Einige Jahre später versuchten andere Isländer sich in Vínland anzusiedeln. Aufgrund von Konflikten mit Indianern kehrten sie drei Jahre später nach Island zurück. Doch der Seeweg in die neue Welt wurde weiterhin genutzt, um von dort Holz zu holen. Diese Fahrten sind in isländischen Sagas beschrieben – und wahrscheinlich hat Kolumbus sie gelesen.

HOT POT

Der Hot Pot ist eine der großen Attraktionen im Land. Es handelt sich entweder um eine Naturbadewanne, in die unmittelbar eine warme Quelle fließt, oder man nutzt das warme Wasser für einen künstlich angelegten Pot im Schwimmbad oder an einem Sommerhaus. Zu einem guten Haus gehört ein Hot Pot, das war schon im Mittelalter so. Der Politiker und Dichter Snorri Sturluson (1179–1241) schätzte die Beratung in seiner Badewanne „Snorralaug" in Reykholt, die er eigens bauen ließ. In entspannter Atmosphäre diskutiert es sich besser, deshalb trifft man auch heute Politiker, Manager, Dichter und Sänger in trauter Runde im Hot Pot. Genauso wie alle Outdoor-Aktivitäten in Island nicht regenabhängig sind, ist es auch das Bad im Freien nicht. Kann es etwas Schöneres geben, als mit einem Getränk bei Schneefall im Hot Pot zu sitzen? Übrigens: Snorri wurde auf dem Weg von der „Snorralaug" zum Haus ermordet. Fazit: Besser im Hot Pot bleiben.

ÖKOSTROM

Island gilt als Vorbild: Die gesamte Stromproduktion erfolgt über Wasserkraft und Geothermie (Erdwärme). Kein Wunder, denn beides ist reichlich vorhanden. Die geothermische Energie wird als erhitzter Dampf oder heißes Wasser genutzt. Fast 90 Prozent aller Häuser werden so beheizt, über 200 000 m² Gewächshausfläche, Fischzuchtstationen, Schwimmbäder und Straßen.

Schaut man auf den Stromverbrauch so haben die Isländer mit über 53 000 kWh pro Kopf den höchsten der Welt. Nun liegt das nicht an den Privathaushalten, sondern an der Industrie, vor allem an den Aluminiumschmelzen im Land. Genau das macht die Vorbildrolle wieder zunichte. Tausende von Seemeilen wird Bauxit herangeschippert, um hier geschmolzen zu werden. Dafür wurden auch schon mal riesige Hochlandflächen unter Wasser gesetzt, wie im Nordosten mit dem Kárahnjúkkar-Stausee.

Wenn es Winter wird, legen sich Islandpferde ein dickes Fell zu

Deutlich sinnvoller ist da, die vorhandene Energie zum Betreiben weiterer Gewächshäuser zu benutzen. Seit der Krise 2008 setzt man im Land zunehmend auf regionales Gemüse. Außerhalb der Gewächshäuser sieht man zaghaften Getreideanbau und natürlich Kartoffelfelder.

KNUFFIGE ISLÄNDER

Wie niedlich sind die kleinen Pferde mit dem zotteligen Fell! Fast jeder möchte sie streicheln, was die Besitzer aber nicht gerne sehen. Früher waren sie das Transportmittel in Island, und heute kommen sie noch im Tourismus und beim Schafabtrieb zum Einsatz. Wusstest du, dass mehr „Isis" – so nennt man die Islandpferde – in der Fremde leben als in Island selber? Wirtschaftlich wichtig sind die wandernden Wollknäule, die Lämmer. Sie streifen im Sommer durchs Land und sind selbst in den entlegensten Ecken anzutreffen. Rund 400 000 Schafe gibt es in Island. Genutzt wird das Fleisch sowie die Wolle. Da, wo Schafe sind, gibt es natürlich auch Hunde. Fährst du auf einem Bauernhof ein, so wird er dich als erster begrüßen, denn er liebt in der Regel Besuch. Der isländische Hund ist eine eigene Rasse, ein freundliches, langhaariges Kerlchen voller Energie, ein klassischer Hütehund. Alle Landsäuger kamen mit den Menschen, die einzige Ausnahme ist der Polarfuchs, den du im Nordwesten des Landes antriffst.

Doch Island ist auch ein Vogelparadies. Zehntausende von Seevögeln nisten an den steilen Felsenküsten: Gryllteisten, Tordalken, Eissturmvögel, Basstölpel, Trottellummen und Papageitaucher. Im Landesinneren gibt es große Kolonien von Kurzschnabelgänsen, und auf dem See Mývatn tummeln sich in Europa seltene Entenarten wie Kragen- oder Eisente. Oft sieht man die großen, schwarzblauen Kolkraben, sie erzählen Gott Odin, was die Menschen so treiben.

ALLES WAS SCHWIMMT

... kann man auch essen. So sahen die Isländer es seit Hunderten von Jahren, heute beschränkt es sich auf Fische und Schalentiere. Noch immer spielt

der Export von Meeresprodukten eine große Rolle. Um den Bestand der wichtigsten Fangfische – Kabeljau, Schellfisch, Rotbarsch, Seelachs und Lodde – zu sichern, werden jährlich Quoten ausgegeben. Die hoch technisierten Fischfabriken arbeiten mit flexiblen Produktionssystemen, um schnell auf Marktwünsche reagieren zu können. Die Hauptexportregionen sind die USA, Japan und Europa. Aber auch Meeressäuger wurden lange gejagt, dem ein oder anderen Minkwal geht es noch immer so. Die Sinnlosigkeit dieses Tun ist auch den meisten Isländern bewußt. Auf Walbeobachtungsfahrt kannst du Minkwale und Orcas sehen oder auch Delfinarten. An den Küsten triffst du häufig auf See-

Da ist einiges ins Netz gegangen – im Hafen von Arnarstapi

hunde und Kegelrobben, die sich hier auch fortpflanzen.

BUNTES BLÜHT

Selbst an den unwirtlichsten Stellen und Orten im Hochland findest du zahlreiche blühende Pflanzen. Meist winzig, aber intensiv leuchtend. An Berghängen gedeihen farbenprächtige Wiesen mit zahlreichen Krautpflanzen, zum Beispiel dem violett blühenden Waldstorchschnabel. Auf den Ödlandflächen siehst du Steinbrecharten sowie das Stengellose Leimkraut, und an Flussufern leuchten die purpurfarbenen Blüten des Arktischen Weidenröschens und grüne Mooseppiche. Beeren, Pilze und die braungrau-grüne Flechte *fjallagras* bereichern auch den isländischen Speiseplan. Islandmoos schimmert grau-grün und ist sehr weich, geschätzt wird es auch wegen seiner Heilkraft.

DER-TIPP
alsschmerz ade

Im Frühsommer wird Island zur „blauen Insel", wenn die Alaskalupine weit verbreitet blüht. Einst ausgesät, um die Wiederaufforstung vorzubereiten, erobert sie sich den Boden und verdrängt andere Pflanzen. Dennoch, das Wiederaufforstungsprogramm im Land ist ein großer Erfolg. Baumlos ist das Eiland längst nicht mehr.

HOTSPOT FÜR KREATIVE

Island ist nicht nur die Insel der Dichter und Leser, sondern auch ein spannender Ort der Musik, der bildenden Kunst und der Designer. Björk und Sigur Rós kennt heute jeder, und alljährlich reisen Musikagenten zum

KLISCHEE KISTE

ÜBERALL ELFEN?

Alle sprechen über sie, aber keiner hat sie gesehen – abgesehen von der selbsternannten Elfen-Beauftragten Erla. Kein Wunder, sie leben ja auch im Verborgenen in Felsen und Felsblöcken, und nur wenige sind befähigt, sie zu sehen. Über Elfen, Erla und Naturschutz gibt es viele Geschichten in ausländischen Magazinen. Die Elfen haben offensichtlich Angst um ihre Felsen und zerstören deshalb schonmal Baumaschinen. Fragt man andere Isländer, ob sie an „das verborgene Volk" (so heißen die Elfen eigentlich) glauben, bestätigen das nur wenige, aber grundsätzlich bezweifeln sie deren Existenz auch nicht. Außerdem ist es eine fantastische Geschichte für die Ausländer...

IMMER MIT DER RUHE

Ihr Zeitmanagement haben sich die Isländer entgegen ihrer Lage im hohen Norden scheinbar eher von tropischen Inselvölkern abgeguckt. Es geht dabei nämlich nicht um Pünktlichkeit, sondern um Gelassenheit. „Þetta reddast" („Das kriegen wir schon hin.") heißt die Devise. Diese Gelassenheit ist wohltuend, zumal der Spruch auch für Probleme gilt. Isländer können fantastisch improvisieren und sind einfach flexibel. Erstaunlich ist, dass es am Ende immer klappt.

Festival „Icelandic Airwaves", um zu hören, was es Neues gibt.

Schon mal das Album „Steingervingur" von Steinunn Jónsdóttir angehört? Der Name ihrer Gruppe ist „asdfhg". Ihre hohe Stimme und der elektronische Sound erinnern etwas an Sigur Rós – einfach mal reinhören.

Isländische Künstler sind nicht einer Sparte zuzuordnen, Hallgrímur Helgason ist Autor und Maler. Islands Künstler sind auch häufig politisch aktiv. Der Autor und Comedian Jón Gnarr hat es sogar zum Bürgermeister von Reykjavík (2010–2014) gebracht. Was machen die Designer? Sie nutzen gern alle Materialien, die in ihrem Land vorkommen. Das isländische Designcenter macht es sich zur Aufgabe, nicht nur isländisches Design im Land bekannter und akzeptierter zu machen, sondern auch zu exportieren und die Zusammenarbeit mit Industrieunternehmen zu fördern.

VATERS SOHN UND TOCHTER

Namen in Island sind eine Freude für Fremde. Die Aussprache ist oft ein Abenteuer, aber zum Glück brauchst du nur den Rufnamen. Damit reden sich die Isländer an. Der zweite Name ist der Vatersname mit der Endung -son (Sohn) oder -dóttir (Tochter). So könnte eine Familie heißen: Vater Einar Jóhannsson und Mutter Svava Elíasdóttir haben den Sohn Gísli Einarsson und die Tochter Jórunn Einarsdóttir. Es gibt also keinen gemeinsamen „Familiennamen", sondern individuelle Vatersnamen.

AUS CO_2 WIRD STEIN

Die Isländer sind innovativ. Im September 2021 ist die weltweit größte Anlage zur Speicherung von Kohlendioxid aus der Luft in Betrieb gegangen. Rund 4000 t Kohlendioxid, das entspricht der Emission von 870 Autos, sollen jährlich eingelagert werden. Dieses energie- und wasserintensive Verfahren ist in Island gut aufgehoben, denn beides ist reichlich vorhanden – das Werk steht neben dem Geothermiekraftwerk Nesjavellir. Das herausgefilterte Gas wird in Wasser gelöst und anschließend in 1000 m Tiefe gepumpt. Durch den Kontakt mit den dortigen Mineralien versteinert das Kohlendioxid und bleibt so gespeichert.

DIE BRODELNDE KINDERSTUBE

Island ist ein Kleinkind – für Geologen. Mit seinen 15–20 Mio. Jahren zählt die Insel zu den jüngsten Regionen der Welt und ist immer noch im Werden und Wachsen.

Vulkanausbrüche, brodelnde Thermalgebiete, Erdbeben sowie das stetige Auseinanderdriften zweier großer Kontinentalplatten verändern Islands Landschaft ständig. Die aktive Vulkanzone durchzieht das Land von Reykjanes im Südwesten bis nach Öxarfjörður im Nordosten. Zwei weitere Zonen befinden sich auf der Halbinsel Snæfellsnes und im Süden.

Island ist ein buntes Geologie-Bilderbuch mit vielen Vulkantypen und Lavaarten wie Stricklava oder Obsidian, mit Thermalgebieten und ihren Solfataren (Schwefellöchern) und Geysiren. Die meisten der rund 30 Vulkansyste-

Im Geothermiekraftwerk Nesjavellir entsteht die Energie zur Speicherung von CO_2

me in diesen Zonen besitzen einen Zentralvulkan oder ein Bergmassiv mit einer Caldera (einer großen runden Einsenkung wie bei der Askja). Seit der Besiedlung der Insel fanden über 250 zum Teil mehrmonatige oder jahrelange Eruptionen in 15 Vulkansystemen statt. Dabei entstand 45 000 m³ Gestein. Die aktivsten Zentralvulkane sind Hekla, Katla und Grímsvötn, mit jeweils über 20 Ausbrüchen.

2010 legte der Ausbruch des Vulkans Eyjafjallajökull mehrere Wochen lang den europäischen Flugverkehr lahm – manche werden sich an das Flugchaos erinnern. Von August 2014 bis Februar 2015 warf die Bárðarbunga bis zu 30 m³ glühendes Gestein aus und erst 2021 spie Fagradalsfjall feurige Lava.

STATISTIK

Isländer lieben ihre Statistik, das lässt sich sicher nicht von vielen Nationen sagen. Regelmäßig werden die jüngsten Fangzahlen veröffentlicht, doch viel interessanter sind andere Zahlen. Wie viele isländische Opernsänger singen an der Mailänder Scala? Ok einer, aber wenn man das auf die Bevölkerungszahl umrechnet – Wahnsinn! Dreimal wurden Isländerinnen bereits zur Schönheitskönigin ernannt. Wie viele deutsche Frauen hätten diesen Titel erreichen müssen – bei rund 80 Millionen? Tja, blöd wurde es nur, als ganze 600 Isländer in den Panama Papiers, den geleakten Unterlagen mit Steuerflüchtigen, auftauchten. Ein echter Negativ-Rekord. Darüber spricht seltsamerweise niemand mehr...

ESSEN
SHOPPEN
SPORT

Frisches aus dem Ozean: Fisch und Meeresfrüchte

ESSEN & TRINKEN

Fisch, Fisch und Fisch: Vom Trockenfisch bis zum Wildlachs – Islands Köche variieren gekonnt den Fang aus dem Meer. Sie nutzen die traditionelle Küche und beleben sie mit Gemüse, Kräutern und neuen Gewürzen. Das gab es in den guten alten Zeiten nicht.

Traditionell ist die isländische Küche einfach und bäuerlich: Fisch, Fleisch, Kartoffeln, Getreide- und Milchprodukte. Um Fisch und Fleisch zu konservieren, wurden sie gesäuert, geräuchert, getrocknet, gepökelt oder in Molke eingelegt. Einige der alten Gerichte haben sich bis heute gehalten und werden speziell am Winterende zum þorrablót gegessen. Für die Isländer ist es eine Form der Winteraustreibung, wenn sie auf traditionelle Weise konservierte Speisen essen, denn mit dem Frühling begann in früheren Jahrhunderten wieder die Zeit der frischen Lebensmittel.

DAS GLASHAUS FÜR GRÜNKOST

Erst seit dem Bau von Gewächshäusern gibt es einheimische Tomaten, Gurken, Paprika, Salate und Pilze, vorher waren da nur Rhabarber und Kohl. In einigen Supermärkten sind die Angebote an frischem Gemüse und Obst beeindruckend, importiert aus der ganzen Welt. In den letzten Jahrzehnten haben die Isländer ihre Ernährung um das ehemals verpönte Grünzeug bereichert. Diese Vielfalt spiegelt sich auch in den Restaurantangeboten wider – vom Asiaten über Fast-Food-Ketten bis zum zünftigen Wikingerlokal findest du alles.

Mit der Wirtschaftskrise 2008 hielt die „lokale Küche" auch in Island Einzug. Damals waren die Importe von Lebensmitteln aufgrund des Währungsabsturzes zu teuer. Also besann man sich auf die Ausweitung des Gemüseanbaus im Gewächshaus. Selbst einheimisches Getreide wird angebaut,

Nach dem leckeren Fischgericht (re.) plauscht man gemütlich beim Bierchen an der Theke

eine Folge des Klimawandels und auch der Züchtung kälteresistenter Getreidesorten. Für die Verbraucher auf jeden Fall ein Vorteil. Als Reisende lohnt es sich unbedingt, in den Regionen nach entsprechenden Lokalen und auch Lebensmitteln Ausschau zu halten.

FLEISCHGENUSS

Sowohl bei Fisch als auch bei Fleisch wird sehr auf Qualität geachtet, alle Produkte stammen von einheimischen Tieren. Fast alles aus Flüssen und Meer landet in irgendeiner Form auf dem Teller. Außer den bekannten Fleischsorten wird auch Fohlen angeboten und beim Geflügel zusätzlich *svartfugl* (Tordalk), dessen große, bunte Eier im Frühjahr ebenfalls in den Regalen liegen. Einige Supermärkte haben Frischfleisch- und

DER-TIPP
muss nicht immer Hühnchen sein

Fischtheken, ansonsten liegen die Produkte abgepackt in den Kühlregalen. In Reykjavík gibt es einige kleine Fischgeschäfte, die saisonal auch Alke und deren Eier anbieten. In manchen Orten kannst du direkt am Hafen den Fang von den gerade eingelaufenen Fischerbooten kaufen. Die jungen Köche experimentieren mit alten Rezepten, so verwenden sie für das geräucherte *hangikjöt* statt Lamm- auch schon mal Pferdefleisch.

WAS KOMMT AUF DEN TISCH?

Isländer essen gern und viel, entsprechend reichhaltig fallen die einzelnen Mahlzeiten aus. Zu einem Frühstücksbuffet gehören Cornflakes mit *súrmjólk* (Dickmilch) und braunem Zucker, Brot, Aufschnitt, Marmeladen – zum Beispiel aus heimischen Beeren –, Tomaten, Gurken und natürlich *síld* (Heringshappen), eingelegt in unterschiedliche Saucen.

In vielen Cafés in Reykjavík gibt es solch süße Kalorienbomben

Mittagszeit ist regulär von 12 bis 13 Uhr, und die meisten Angestellten sind dann „zu Tisch". Die Restaurants bieten entsprechende Menüs, bestehend aus Suppe und einem Fischgericht, zu einem günstigen Preis von rund 20 Euro an. Besonders beliebt sind *ýsa* (Schellfisch), *þorskur* (Kabeljau) und *karfi* (Rotbarsch), gedünstet oder gegrillt.

DER LEGENDÄRE NACHMITTAGSSNACK

Am Nachmittag gibt es ein Kuchenbuffet, das Süßes wie Herzhaftes bereithält. Die mächtigen Sahnetorten sind wahre Kalorienbomben, ein wenig leichter sind *pönnukökur* (Crêpes), gefüllt mit Sahne oder Marmelade, und *kleinur* (Schmalzgebäck). *Flatbrauð* ist ein Pfannkuchen aus Roggenmehl und wird mit einer dünnen Scheibe *hangikjöt*, geräuchertem Lammfleisch, belegt. Auch ein Sandwich mit *rækja* (Krabben) und Mayonnaise zählt zum Nachmittagsimbiss.

SCHWELGEN AM ABEND

Das Abendessen in familiärer Runde ist die wichtigste Mahlzeit. Am Wochenende gehen viele Isländer auch ins Restaurant; die international ausgebildeten Köche kreieren zum Teil fantasievolle Gerichte aus den heimischen Produkten, oft asiatisch oder mediterran inspiriert. Ausgezeichnet ist der Lachs, ob geräuchert oder gegrillt. Ganzjährig gibt es den Zuchtlachs und im Sommer Wildlachs aus einem der berühmten Lachsflüsse. *Reyktur silungur* (geräucherte Forelle) ist mit Wacholder geräuchert vor allem am Mývatn eine Spezialität. Wenn du als Hauptgericht *lamb* (Lammfleisch) wählst, musst du zwar deutlich mehr als für ein Fischgericht bezahlen (rund 40 Euro), doch es lohnt sich. Die frei laufenden Lämmer fressen den ganzen Sommer nur Gräser und Kräuter, deshalb hat ihr Fleisch einen leicht „gewürzten" Geschmack. Eine andere Spezialität ist *hreindýr* (Rentier) – für Wildkenner ein Genuss. Häufig sieht man Restaurants mit *hvalur* (Walfleisch) werben. Das Fleisch wird gebraten wie ein Steak und hat einen recht kräftigen Geschmack. Aufgrund des relativ niedrigen Preises gehörte Walfleisch früher zu den Gerichten der armen Fischer.

Zu einem opulenten Abendessen gehört Wein, und zu allen Mahlzeiten bekommst du Leitungswasser, das aufgrund seiner Güte sogar exportiert wird. Das typische Getränk aber ist Kaffee – nach jeder Mahlzeit und zu jedem Treffen; abends mit Cognac oder Likör verfeinert. Er ist relativ preiswert, zumal eine zweite Tasse meistens inklusive ist

Unsere Empfehlung heute

Snacks

HANGIKJÖT
geräuchertes Lammfleisch, kalt als
Aufschnitt mit Fladenbrot aus
Roggenmehl *(flatkökur)*

HARDFISKUR
Luftgetrockneter Schellfisch, Kabeljau
oder Seewolf, mit Butter

RÚGBRAUD
Dunkles, süßes Brot
(in einigen Orten in heißen Quellen
gegart)

Hauptgerichte

PLOKKFÍSKUR
Eintopfgericht aus Kartoffeln, Fisch und
Zwiebeln

HANGIKJÖT
Geräuchertes Lammfleisch zusammen
mit Kartoffeln, Béchamelsauce und
grünen Erbsen gekocht, ein
traditionelles Weihnachtsgericht

LIFRARPYLSA
Leberwurst aus Lammleber, gehört
zusammen mit *blóðmór* zu den *slátur*
genannten Schafswürsten

Desserts

SKYR
Frischkäse aus Magermilch mit Milch
oder Sahne und braunem Zucker

RABARARI
Rhabarberkompott,
mit *skyr*, Eis oder pur

HJÓNBANDSSÆLA
„Eheglück" heißt diese Linzertorte

Getränke

BJÓR
Isländisches Bier mit Quell- oder
Gletscherwasser gebraut

MÝSA
Molke, die sich vom *skyr* absetzt,
erfrischend und sehr gesund

BRENNIVÍN
Der isländische Aquavit wird wegen
seines Etiketts (und der Prozente) auch
„Schwarzer Tod" genannt

SHOPPEN & STÖBERN

Zwar kannst du die Vulkane nicht mitnehmen, aber Lava als Kerzenständer oder Salzstreuer schon. Lava-Perlenketten spürst du kaum, so leicht ist das Material. Es gibt also vielfältige Angebote: manches kitschig, manches kreativ, doch immer typisch isländisch, z. B. für den Longdrink die Eiswürfel in Form der Insel. Vor allem in den kleinen Läden in Reykjavíks Innenstadt kannst du gut stöbern.

LAMM & LACHS
Wem die isländische Küche gefällt, der kocht sie mit original isländischem Lammfleisch zu Hause nach. Gut eingeschweißt kannst du die leckeren Koteletts leicht transportieren, die man sowohl in jedem Supermarkt findet als auch in Kooperativen wie z. B. im Norden in Hvammstangi. Einige Scheiben Lachs runden das Menü dann noch ab.

Übrigens: Im *Icemarket* am Flughafen findest du auch viele isländische Lebensmittel.

ELFENGESANG
Isländische Musik – unbedingt empfehlenswert! Hör rein in die neuen Alben, von Klassik über Indie Rock bis Techno und von Björk bis Bubi Morten. Ein gutes, aktuelles Angebot und entsprechende Beratung findest du in Reykjavík bei *12 Tónar (Skólavörðustigur 15)*.

NATÜRLICHE SCHÖNHEIT
Unter dem Label *Blue Lagoon* wird heilender Schlamm als Kosmetikserie verkauft. Außer in der Blauen Lagune kannst du die Produkte auch in Reykjavík kaufen. Im Naturbad am Mývatn (s. S. 82) gibt es jetzt eine weitere Pflegeserie, die bisher nur dort verkauft wird – auch sie auf Basis der heilenden Mineralien.

Ob Schaufenster oder Ladenregal – Hauptsache schön bunt

FISCHIG SCHÖN

Da die Isländer seit Jahrzehnten sehr modebewusst sind, kannst du Labels von Rang und Namen kaufen, doch etwas Spezielles sind die isländischen Designermarken. Eine Handtasche oder ein Portemonnaie aus Fischhaut sind echte Hingucker, besonders wenn sie von *Atson (atson.is)* stammen. In einigen Designerläden stehen auch Schuhe aus Fischhaut, leider werden nicht mehr so viele produziert.

INDIVIDUELL

Wer es besonders extravagant liebt, geht zu *Spaksmannsspjarir (spaks.is)* – Mode, die von der isländischen Landschaft inspiriert wurde. Ungewöhnliche Kreationen aus überraschenden Materialien findest du bei *Kirsuberjatréð (kirs.is)* in Reykjavíks Vesturgata: Schmuck aus Plastikschläuchen oder handgestrickte

Oversize-Pullover. Das isländische Label *66° North (66north.com)* fertigt ausgezeichnete Outdoorbekleidung u. a. aus recycelten Plastikflaschen oder aus Bio-Baumwolle.

OLD FASHION IS IN

Ebenfalls nachhaltig ist der Kauf in einem der vielen Secondhandshops. Individuelles und Ausgesuchtes findest du in Reykjavík z. B. bei *Wasteland (Ingólfsstræti 5)*.

WOLLE, DIE SITZT

Das klassische Souvenir aus Island ist natürlich der Islandpullover. Schöne, selbstverständlich von Hand gestrickte Modelle gibt es bei ⚑ *Víkurprjón (Austurvegur 20 | Tel. 4 87 12 50)* in Vík í Mýrdal. Das In-Label für Wollsachen ist *Farmers-Market (farmers market.is)* in Reykjavík – und so richtig flauschig sind die Hocker mit Schaffell.

SPORT

Um die Natur der Insel richtig zu erleben und zu erfahren, bieten sich sehr viele Outdoor-Aktivitäten an. War früher das Pferd das verlässliche Fortbewegungsmittel, reiten heute viele Isländer zum Vergnügen. So verbringen die Reykjavíker auch gern den Sonntag mit der ganzen Familie im Reitstall und hoch zu Pferd.

Ein echter Volkssport ist das Schwimmen, das jedes Kind lernen muss. In den letzten Jahrzehnten haben sich außerdem Wandern und Golf zu Breitensportarten entwickelt.

ANGELN
Islands Flüsse sind berühmt für ihren Lachs- und Forellenbestand. Doch du musst dich nicht stundenlang ins Nass stellen und warten, denn gerade die Forellen und Saiblinge beißen schnell an. Angellizenzen für Forellengewässer bekommt man kurzfristig an Bauernhöfen und auch an Tankstellen bei den Gewässern. Hochseeangeln ist von Ende Mai bis Ende August möglich und ein besonderer Spaß. Anbieter findest du entlang der Küstenorte. In den **INSIDER-TIPP** **Wale hautnah** Westfjorden hast du die Chance, bei Beobachtungsfahrten den großen Meeressäugern ganz nah zu kommen. *westtours.is*

BERGSTEIGEN
Die zahlreichen Berge verlocken geradezu, doch aufgrund des häufig lockeren Gesteins und der plötzlichen Wetterumschwünge sind Einzeltouren nur erfahrenen Bergsteigern anzuraten. Grundsätzlich gehört zu einer Bergtour immer eine Notausrüstung mit Biwaksack und Aludecke. Die isländischen Wandervereine bieten auch geführte Touren an. Beide sitzen in *Reykjavík: Ferðafélag Íslands (Mörkin 6 | Tel. 5 68 25 33 | fi.is), Útivist*

Über schroffe Schneefelder ins eisige Blau: Gletschertour auf dem Svínafellsjökull

(Katrínartúni 4 | Tel. 5 62 10 00 | utivist.is).

GLETSCHERTOUREN

Erfahrene Eisgänger können Touren über den Langjökull oder den Vatnajökull auch allein machen, dennoch sind Informationen von ortskundigen Wanderführern wichtig. Wenn du so eine Tour zum ersten Mal probieren möchtest, dann sind die Angebote der isländischen Wandervereine ideal (Adressen s. unter „Bergsteigen"). Selbst Eisklettern können auch Anfänger versuchen. Gute Informationen und Touren vor allem auf den Vatnajökull bieten *Icelandic Mountain Guides (Klettagarðar 12 | Reykjavík | Tel. 5 87 99 99 | mountainguides.is).*

GOLF

Falls du es einmal ausprobieren willst, so bieten 65 Plätze dazu die Möglichkeit. Einige Grüns sind traumhaft in die Lavalandschaft angepasst. Die meisten Golfplätze stehen ausländischen Besuchern zu einer erschwinglichen Tagesgebühr (Greenfee) offen. Golf ist in Island ein Familiensport, also ran an den Putter *(golficeland. org)*!

KAJAK

Für Könner – rund um Island. Genauso schön sind Touren in Fjorden oder auf der Gletscherlagune Heinabergslón, die du im Sommer machen

INSIDER-TIPP
Ein bisschen Grönland-Feeling

kannst. Lautlos gleitest du zu kleinen Eisbergen *(iceguide.is/tours)*.

MARATHON

Für die ganz ausdauernden Läufer bieten sich wunderschöne Strecken in Island. Jedes Jahr findet um den 20. August der *Reykjavík-Marathon* statt. Beim *Laugevegur Ultra Marathon* wird von Landmannalaugar nach Þórsmörk die klassische Wanderroute von 55 km gelaufen. Beim *Suzuki Mitternachtssonnenlauf* im Juni, der in Reykjavík stattfindet, sind drei Distanzen möglich: Halbmarathon, 10 km und 5 km. Man kann sich aber auch für alle drei Strecken anmelden. Ende Mai/Anfang Juni gibt es noch den *Mývatn-Marathon*. Infos zu allen Läufen: *reykjaviksport.is*

MOUNTAINBIKING

Wer sein Mountainbike nicht im Gepäck hat, kann in Reykjavík und in einigen anderen Orten Fahrräder leihen. Schön und vor allem für Freizeitradler ideal sind die Wege in Reykjavík entlang der Küste oder die rund um den See Mývatn. Die Touristcenter halten Listen der Mountainbike-Vermieter und -Tourenveranstalter bereit. Infos: *Isländischer Mountainbike-Club (fjallahjolaklubburinn.is)*

RAFTING

Dieser Spaß für Groß und Klein wird in mehreren Orten in der Nähe der großen Gletscherflüsse angeboten. So im Süden von *Arctic Rafting (Drumboddsstaðir River Base | Selfoss | Tel. 4 86 89 90 | arcticrafting.is)* oder in Sveitarfélagið von *Viking Rafting (Tel. 8 23 83 00 | vikingrafting.is)*.

REITEN

Pferde gehören zu Island, und entsprechend breit ist das Angebot. Es reicht von einstündigen Ausritten – auch für völlige Anfänger – bis hin zu mehrwöchigen Hochlandritten mit Handpferden. *Íshestar (Tel.*

5 55 70 00 | ishestar.is) in Hafnarfjörður bietet z. B. kurze Ausritte an.

Mit dem deutsch sprechenden Arinbjörn Jóhannsson vom *Reiterhof Brekkulækur (Brekkulækur | Tel. 4 51 29 38 | abbi-island.is)* kannst du die Hochebene Arnarvatnsheiði kennenlernen – ein Natur-pur-Erlebnis. Weitere Reiterhöfe stehen in der Hey-Iceland-Broschüre „Self-Drive in Iceland", wo die Höfe mit Reitmöglichkeiten angegeben sind *(heyiceland.is, islanderlebnis.de)*. Eigenes Reitzeug und auch die Kleidung müssen vor der Einreise desinfiziert werden!

SCHWIMMEN

Schwimmen ist in Island Nationalsport. Wer die wohltemperierten Freibäder einmal ausprobiert hat, wird sicher zum Fan. Allein in Reykjavík gibt es sieben Bäder und dazu noch die in den Nachbarorten. Gerade hier hat man sich um eine immer bessere Ausstattung bemüht und so ideale Plätze für die ganze Familie geschaffen. Jeder größere Ort besitzt ein Freibad.

SUP

Natürlich geht Stand-Up-Paddling auch in Island. Auf dem See Þingvallavatn, dem größten See des Landes, paddelst du herum. Ein anderes Gewässer ist der Hvalfjörður. Das Board sowie die gesamte Ausrüstung wird gestellt *(adventurevikings.is)*.

WANDERN

Sowohl das Hochland als auch der Nordwesten und der Nordosten bieten Wanderern Einsamkeit und tolle Naturerlebnisse. Einige Wanderstre-

Kleine Menschen auf kleinen Pferden: Ausritt in Húsavík

cken sind gut markiert und sehr beliebt, andere kannst du dir noch selbst erschließen. Voraussetzung für mehrtägige Touren sind gute Kondition und ebensolches Equipment, denn du musst mit jedem Wetter rechnen. Gute Wanderkarten und Beschreibungen der beliebtesten Routen sind auch auf Deutsch in den Reykjavíker Buchhandlungen erhältlich. Aber auch Tageswanderungen, z. B. auf die Hekla oder in Skaftafell, bieten sehr schöne Naturerlebnisse. Organisierte Touren offerieren die beiden isländischen *Wandervereine* (s. „Bergsteigen") und *Icelandic Mountain Guides* in Reykjavík (s. „Gletschertouren"). Ideal für Familien sind die Wanderungen von *Wanderlust (wanderlust.is)*, gut geführt und auch mal mit Picknick. Ganz entspannt und sehr persönlich sind die Wanderungen mit Hulda in Höfn *(hofnlocalguide.com)*.

WINTERSPORT

Warum nicht mal zum Wintersport nach Island? Ein exzellentes Skigebiet befindet sich oberhalb von Akureyri am Hlíðarfjall. Bei entsprechenden Schneeverhältnissen kann man schöne Langlauftouren im ganzen Land unternehmen, so sind der Nordwesten und das Mývatn-Gebiet beliebte Ziele der Isländer. Außerdem werden Skidoo-Touren angeboten, die Strecken sind markiert.

DIE REGIONEN IM ÜBERBLICK

DER WESTEN S. 90

Ein geheimnisvoller Vulkan, helle Strände und Tausende Seevögel in steilen Klippen

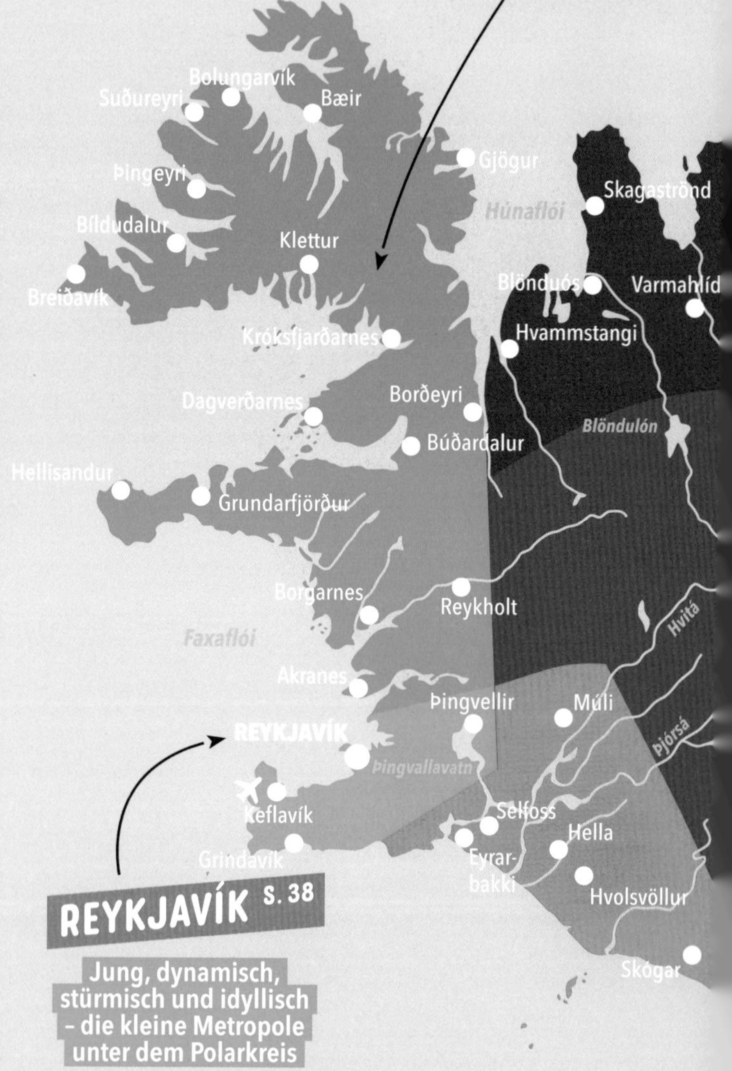

Bolungarvík
Suðureyri
Bæir
Þingeyri
Gjögur
Skagaströnd
Bíldudalur
Húnaflói
Klettur
Breiðavík
Blönduós
Varmahlíð
Króksfjarðarnes
Hvammstangi
Borðeyri
Dagverðarnes
Blöndulón
Búðardalur
Hellisandur
Grundarfjörður
Borgarnes
Reykholt
Hvítá
Faxaflói
Akranes
Þingvellir
Múli
Þjórsá
REYKJAVÍK
Þingvallavatn
Keflavík
Selfoss
Hella
Grindavík
Eyrar-
bakki
Hvolsvöllur
Skógar

REYKJAVÍK S. 38

Jung, dynamisch, stürmisch und idyllisch – die kleine Metropole unter dem Polarkreis

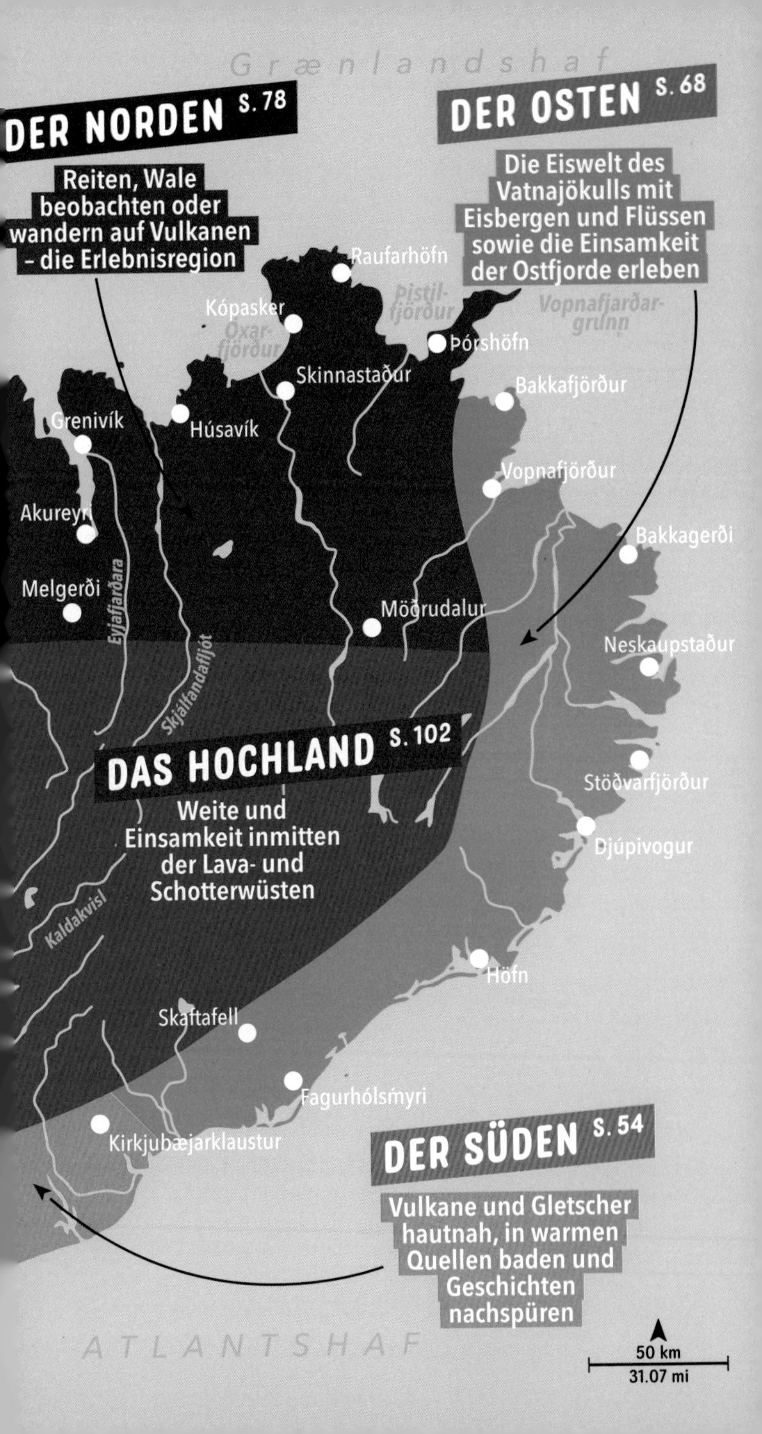

Grænlandshaf

DER NORDEN S. 78

Reiten, Wale beobachten oder wandern auf Vulkanen – die Erlebnisregion

DER OSTEN S. 68

Die Eiswelt des Vatnajökulls mit Eisbergen und Flüssen sowie die Einsamkeit der Ostfjorde erleben

Raufarhöfn

Pistil-
fjörður

Vopnafjarðar-
grunn

Kópasker
Öxar-
fjörður

Þórshöfn

Skinnastaður

Bakkafjörður

Grenivík

Húsavík

Vopnafjörður

Akureyri

Bakkagerði

Melgerði

Eyjafjarðará

Mörðrudalur

Neskaupstaður

Skjálfandafljót

DAS HOCHLAND S. 102

Weite und Einsamkeit inmitten der Lava- und Schotterwüsten

Stöðvarfjörður

Djúpivogur

Kaldakvísl

Höfn

Skaftafell

Fagurhólsmýri

DER SÜDEN S. 54

Kirkjubæjarklaustur

Vulkane und Gletscher hautnah, in warmen Quellen baden und Geschichten nachspüren

ATLANTSHAF

50 km
31.07 mi

REYKJAVÍK

COOL UND KREATIV

Reykjavík ist modern, dynamisch und zugleich idyllisch wie ein Dorf. Den besten Blick auf die Stadt (135 700 Ew.) und ihre Umgebung hast du vom Turm der Hallgrímskirkja oder von Perlan: bunte Häuser in der Innenstadt, Villenviertel mit ihren Gärten im Zentrum und im Westen, der Inlandsflughafen und die neuen Wohnblocks: Urbanität am Meeresufer.

Die Stadt ist nicht nur das wirtschaftliche und politische Zentrum des Landes, sondern auch das kulturelle. Die von der Unesco ernannte

Wie riesige Eiswürfel am Hafen: das Kongress- und Kulturzentrum Harpa

„City of Literature" hat zahlreiche Galerien mit Werken oft junger Künstler in kleinen Seitenstraßen des Laugavegur. Designerläden und die lebendige Café- und Barszene bieten Raum zum Stöbern und Genießen. Die junge Stadt, knapp 250 Jahren alt, steckt voller Leben: Ob Kunst und Kultur, Sonnenuntergang und Nordlicht, Hot-dog und Gourmet-Menü, kleine Gassen und weite Parks – hier kannst du viel entdecken. Und aufregende Naturerlebnisse inmitten der Lavalandschaft sind gerade einmal 30 bis 40 km entfernt.

REYKJAVÍK

Fiskislóð
Grandagarður

🍴 Kaffivagninn

10 Víkin – Schiffahrtsmuseum (Sjóminjasafn)

9 Aurora Borealis

Mýrargata

Slippbarinn
🍸
Ægisgarður

Ánanaust

Seljavegur

Framnesvegur

Brekkustígur

Vesturgata

Ránargata

Eiðisgrandi

Grandavegur

Bræðraborgarstígur

Túngata

Hafenhaus (Hafnarhús) ★
5
Geirsgata

Matarkjallarinn – Food Cellar 🍴

Bæjarins Beztu 🍴

Túngata

Aðalstræti **4**

Hávallagata

Austurvöllur **3**

🍸
Sirkus

Flyðrugrandi

Meistaravellir

Hringbraut

Ásvallagata

Ljósvallagata

Suðurgata

Tjarnargata

2 Rathaus

Kaplaskjólsvegur

Einimelur

Hofsvallagata

Víðimelur

Furumelur

Tjörnin **1**

Skothúsvegur

Lækjargata

Laufásvegur

Neshagi

Birkimelur

Hljómskálagarður

Ægisíða

Arngrímsgata

Suðurgata

13 Isländisches Nationalmuseum
(Þjóðminjasafn)

Fjólugata

Sóleyjargata

Sæmundargata

`49`

Vatnsmýri

Oddagata

Sturlugata

Eggertsgata

Njarðargata

Reykjavik
Airport
✈

Þorragata

Einarsnes

Bauganes

MARCO POLO HIGHLIGHTS

★ **HAFENHAUS (HAFNARHÚS)**
Die Werke des Künstlers Erró in
herrlichen Räumen ➤ S. 43

★ **HARPA**
Die gläsernen Kuben des Kongress-
und Konzertgebäudes
➤ S. 44

★ **HALLGRÍMSKIRKJA**
Reykjavíks Wahrzeichen mit
dem 76 m hohen Turm ➤ S. 46

★ **PERLAN**
Eine futuristische Glaskuppel
auf sechs Heißwassertanks
➤ S. 47

★ **ÞINGVELLIR**
Der Geschichtsort Islands –
für Geologen trennen sich hier die
Welten ➤ S. 53

Þingvellir ★

F a x a f l ó i

8 Alter Hafen

7 Harpa ★

6 Phallus.is

Kalkofnsvegur

Sölvhólsgata

Skúlagata

Vatnsstígur

Hverfisgata

Sæbraut

Guðrúnartún

Borgartún

Katrínartún

Samtún

Brietartún

Skólavörðustígur

Cat Café

Kíkí Queer Bar

Orrifinn Skartgripir

The Handknitting Association of Iceland

Njálsgata

Vitastígur

Barónsstígur

Hlemmur Mathöll

Laugavegur

Lokastígur

11 Hallgrímskirkja ★

Njálsgata

Brautarholt

Njarðargata

12 Einar-Jónsson-Museum

Vífilsgata

Rauðarárstígur

Skipholt

Einholt

Nóatún

Stórholt

Bergstaðastræti

Mímisvegur

Eiríksgata

Egilsgata

Snorrabraut

Háteigsvegur

Gamla Hringbraut

Gunnarsbraut

Flókagata

Langahlíð

Flókagata

Kalmbratún

Hringbraut

Bústaðavegur

Engihlíð

Reykjahlíð

Barmahlíð

49

Skaftahlíð

Nauthólsvegur

Eskihlíð

Skógarhlíð

Mávahlíð

Árbæjarsafn 15

Langahlíð

Blönduhlíð

Stakkahlíð

Bogahlíð

Grænahlíð

Flugvallarvegur

Hamrahlíð

Hörgshlíð

300 m
328 yd

Perlan ★ 14

1 TJÖRNIN 🐵

Auf Jubel und Trubel triffst du am Norddufer des Stadtteichs Tjörnin, im Herzen Reykjavíks. Viele Kinder füttern Hunderte Enten mit Brot; Geschnatter und Lachen erfüllen den Platz. Über 40 verschiedene Vogelarten darunter Enten, Kurzschnabelgänse, Schwäne und diverse Möwenarten versammeln sich hier. Früher standen Bauernhöfe am Südufer, heute ziehen sich Parkanlagen und Spazierwege rund um den See. Die Grünflächen laden im Sommer zum Picknick ein und die Reykjavíker genießen die Mittagszeit gerne draußen mit einem Salat oder Snack. Warum also nicht das Gleiche machen? Hol dir etwas Leckeres und setz dich einfach auf den Rasen, ungezwungen und typisch isländisch. *b3*

INSIDER-TIPP Picknick im Park

2 RATHAUS

Es sieht aus, als stünde das Rathaus mitten im See. Nicht ganz falsch, denn für den auffälligen Bau von 1992 wurde eine Ecke des Sees Tjörnin trockengelegt. Form und Platz stießen zu Beginn auf viel Kritik bei den Reykjavíkern, sah man doch die schmucke Villenfront am Stadtteich beeinträchtigt. Heute ist das Rathaus eine beliebte Empfangs- und Ausstellungsstätte, außerdem Sitz der Touristeninformation. Das große Reliefmodell von Island hilft dir sicher auch bei deiner Planung. *b3*

3 AUSTURVÖLLUR

Hier spricht das Volk. Alle Demonstrationen finden auf diesem Platz vor dem Parlament statt, deshalb kennt ihn auch jeder. Im Zentrum des beliebten Platzes steht die Statue von Islands Nationalheld Jón Sigurðsson, geschaffen von Einar Jónsson. Er blickt auf ein graues Basaltgebäude: Alþingishús, den Sitz des isländischen Parlaments, gebaut 1881 und 2001 durch einen Anbau erweitert. Links davon steht Reykjavíks älteste Kirche, Dómkirkjan von 1776. An der Ostseite des Platzes dominiert das traditionsreiche Hótel Borg aus dem Jahr 1930. Im Sommer ist Austurvöllur einfach ein Platz des Vergnügens. *b3*

4 AÐALSTRÆTI

Die älteste Straße Reykjavíks ist eine Zeitreise. Beginnend am Südende sind in dem Museum 🐵 *The Settlement Exhibition (tgl. 10–17 Uhr | Eintritt 2500 ISK, Kinder frei (gilt auch für Aðalstræti 10) | reykjavikcitymuseum. is)* die Grundmauern eines nordischen Langhauses aus dem 10. Jh. zu sehen. Sie stammen aus der Zeit der

WOHIN ZUERST?

Touristisches Zentrum ist der alte Teil zwischen Stadtsee Tjörnin und Hafen. Zentrale Bushaltestelle: Lækjartorg. Das Rathaus, mit unterirdischem Parkhaus, liegt hier und der Platz **Austurvöllur** *(b3)* mit Parlament, Hótel Borg, Domkirche und Cafés. Von hier aus gelangt man zum Hafenhaus und in die Einkaufsstraße Laugavegur.

Beten in Reykjavíks ältester Kirche oder demonstrieren vor dem Parlament

Besiedlung und von daher könnten sie Teil von Ingólfur Arnarsons Heim gewesen sein – zumindest eine schöne Vorstellung. Die Artefakte sind Teil einer gelungenen Multimediaschau zur Besiedlung Reykjavíks.

Dass der Platz gegenüber mit dem Standbild von Skúli Magnússon einstmals ein Friedhof war, ist nicht mehr zu erkennen. Skúli Magnússon (1711–1794) gründete die erste isländische Wollmanufaktur in der *Aðalstræti 10* und legte damit einen Grundstein für den Aufstieg Reykjavíks zum Handelszentrum. Dieses Gebäude – großes Wort für eine kleine Kate – steht sogar noch. Heute sind hier zwei Ausstellungen zur Geschichte zu sehen *(tgl. 10–17 Uhr | Eintritt s. li.)*.

Am Ende der Straße steht der Nachbau eines Lagerhauses aus dem 18. Jh., von dem einst ein unterirdischer Gang zum Hafen führte, vor allem, um die im Haus gefangen gehaltenen Gerfalken – bestimmt für den europäischen Adel – auf die Schiffe zu bringen. *b3*

▣ HAFENHAUS (HAFNARHÚS) ★

Das ehemalige Lagerhaus am Hafen überrascht in doppelter Hinsicht. Die Räumlichkeiten sind ideal für Events unterschiedlicher Art und die gezeigten Werke des isländischen Malers Erró überwältigen.

Rund 4000 Werke hat Guðmundur Guðmundsson – sein bürgerlicher Name – geschaffen und die meisten von ihnen sind jetzt hier ausgestellt. Bekannt wurde Erró durch seine großformatigen Arbeiten im Stil der Pop-Art mit integrierten Comic-Elementen, witzig und politisch zugleich. Mickey Mouse und Lenin lassen grüßen. Von der Cafeteria blickst du auf den Hafen. *Tgl. 10–17, Do bis 22 Uhr | Eintritt 1950 ISK | Tryggvagata | artmuseum.is | b3*

🖻 PHALLUS.IS

Sicher ein Museum der besonderen Art: Penisse von Säugern aller Spezies – seit 2011 auch von einem Menschen – sind hier ausgestellt. Daneben gibt es noch viel Kurioses und Künstlerisches aus aller Welt zum und über den Penis zu sehen. *Tgl. 10–19 Uhr | Eintritt 2500 ISK | Hafnartorg | phallus.is | ▥ b3*

🖻 HARPA ⭐

Kommst du mit dem Schiff nach Reykjavík, dann fällt dir der große, in verschiedenen Farben schimmernde Glasbau am Hafen sofort auf. Der Künstler Olafur Elíasson gestaltete die

---

REYKJAVÍK CITY CARD

Leg dir unbedingt die ❤➤*Reykjavík City Card* zu, die es für einen (4400 ISK), zwei (6120 ISK) oder drei Tage (7520 ISK) gibt. Sie gilt ab 18 Jahren und umfasst die unbegrenzte Benutzung der öffentlichen Verkehrsmittel, freien Eintritt in acht Museen und in das Freilichtmuseum Árbærsafn sowie in die sieben städtischen Schwimmbäder, den isländischen Tierpark, die Eislaufbahn und den Familienpark (im Sommer), eine Bootsfahrt nach Viðeyund und noch vieles mehr. Die Karte ist im Tourist Information Center, in einigen Museen und Hotels sowie an den großen Busstationen erhältlich. Online kann man sie unter *visitreykjavik.is/city-card/front* kaufen und auch gleich ausdrucken.

---

faszinierende Glasfassade des Kongress- und Konzertzentrums Harpa. Innen bilden die Wabenfenster wunderbare Linien. Der Clou ist die Fensterbeleuchtung, die mit der Musik abgestimmt werden kann. Der Bau beherbergt neben den Veranstaltungssälen eine Reihe von Geschäften und Bars sowie den isländischen Pavillon der Weltausstellung 2010, in dem auf einer 360°-Leinwand ein 15-minütiger Islandfilm gezeigt wird. *Austurbakki 2 | harpa.is | Toilettenbenutzung 300 ISK (nur im Sommer) | ▥ c2–3*

🖻 ALTER HAFEN

Einst blühte hier die Fisch- und Schiffsindustrie, doch die meisten Firmen sind verschwunden und geblieben sind die Gebäude. Heute beherbergen sie Designerläden, Restaurants, Cafés, Galerien und Museen. Der neue hippe Stadtteil erstreckt sich von der Halbinsel Örfirisey im Westen bis zu den Anlegeplätzen der kleinen Kreuzfahrtschiffe in der Nähe von Harpa. Also, rauf aufs Fahrrad oder Segway und erkunden! Das beste Café der Stadt, *Haiti*, befindet sich in den ehemaligen, grünen Werkstätten. Das leckerste Eis in Reykjavík gibt es bei *Valdís* – Lakritzeis, typisch isländisch. Das *Marshall House* war früher eine Heringsfabrik und ein Lagerhaus, heute beherbergt es das spannende Museum für moderne Kunst *Nýlistasafn (Mi–So 12–18 Uhr | Eintritt frei | nylo.is)*. Auch die avantgardistische Galerie *Kling & Bang* hat hier jetzt ihr Domizil bezogen, sowie das Atelier des international bekannten Künstlers Ólafur Elíasson. Jede kleine Straße im Viertel lohnt einen Blick und Fotografen werden den Ausblick auf Reykjavík von hier genießen: Sie sieht wie eine „richtige" Stadt mit Skyline aus. Neben Design und Kunst gibt es aber auch noch Tradition, alte Fischerkneipen und kleine Fischerboote, von denen die Chefs der Gourmetrestaurants fangfrischen Fisch kaufen.

Die Straße Grandagarður verläuft auf Örfiresey. Lass dich nicht von den großen Lagerhäusern täuschen, im Inneren findest du u. a. kleine Firmen mit eventuell Werksverkauf, wie der des 😍 *Schokoladenherstellers OmNom (tgl. 13–22 Uhr | Hólmaslóð 4 | omnomchocolate.com)*. Das Besondere ist, dass die Chocolatiers sehr hochwertige Kakaobohnen verarbeiten, die sie mit Nüssen im Verhältnis 50:50 rösten.

INSIDER-TIPP
Der mit dem Eiswolf

Nicht nur Schokolade kannst du hier kaufen, sondern auch superleckeres Eis, getoppt mit dem Wolf und anderen Schokoladen-Kreationen. 🗺 a–b 1–2

Am Alten Hafen: früher Fischindustrie, heute schicke Cafés und Galerien

9 AURORA BOREALIS

Eintauchen in die Welt der Nordlichter, wie sie tanzen und schwingen. In diesem Museuem erhälst du alle Erklärungen dazu und siehst zahlreiche Bilder und Videos. Ideal für diejenigen, die dieses Phänomen noch nie gesehen haben. Im Shop gibt es T-Shirts in den Farben der Nordlichter. *Tgl. 9–21 Uhr | Eintritt 2000 ISK | Grandagarður 2 | aurorareykjavik.is |* 🗺 a2

10 VÍKIN – SCHIFFAHRTS-MUSEUM (SJÓMINJASAFN)

Fischerei gehört genauso zu Island wie die Vulkane. In diesem Museum erhälst du Einblick in die Geschichte und das Leben der Fischer. Passend ist das Museum in einem ehemaligen Kühlhaus untergebracht. Draußen liegt das Küstenschutzschiff Óðinn, das in der Zeit der Kabeljaukriege zum Einsatz kam. Damals kämpften die Isländer hart für ihre 200-Meilen-Zone. Shop und Restaurant mit Terrasse am Wasser gehören auch zum Haus. *Tgl. 10–17 Uhr, Schiffsführung 11, 13, 14, 15 Uhr | Eintritt 1950, Óðinn 1500,*

Kombiticket 3000 ISK | Grandagarður 8 | borgarsogusafn.is/en/reykjavik-maritime-museum | ▥ b2

⑪ HALLGRÍMSKIRKJA ★

Weithin erkennt man den 76 m hohen Turm der Kirche, die das Wahrzeichen der Stadt und nach dem Passionsdichter Hallgrímur Pétursson (1614–74) benannt ist. Geh einfach den Skólavörðustígur hinauf, es sieht aus, als wolle dich die Kirche begrüßen. Den stilistisch ungewöhnlichen Bau, der Platz für 1200 Menschen bietet, entwarf Guðjon Samúelsson. Bei dem weit ausladenden Turm orientierte er sich formal an der Anordnung von Basaltsäulen. Nach über 40-jähriger Bauzeit konnte die Kirche 1986 geweiht werden und 1992 erhielt sie ihre große Klais-Orgel. Während der Sommermonate finden regelmäßig ☂ Orgelkonzerte statt, die in der hellen und offenen Kirche ein Hörgenuss sind. Vor der Kirche steht ein Standbild Leifur Eiríkssons, des „Entdeckers" der Neuen Welt. Die Skulptur von Stirling Calder ist ein Geschenk der USA von 1930 (zur 1000-Jahr-Feier des Alþings) und nimmt die Form des Turms auf. *Turm: tgl. 10–19.30 Uhr | Turmfahrt 1200 ISK | hallgrimskirkja.is | ▥ c4*

⑫ EINAR-JÓNSSON-MUSEUM 🐾

Das ehemalige Wohnhaus und Atelier des Bildhauers und Malers Einar Jónsson (1874–1954) ist heute ein Museum. Jónssons Arbeiten sind nicht unumstritten, erinnern die symbolistisch zum Teil völlig überfrachteten Skulpturen doch sehr an den Stil des Hel-

Die spektakulären Nordlichter stehlen der Hallgrímskirkja-Kirche dann doch die Show

denkults. Doch fast jeder wichtige Isländer wurde von ihm in Bronze gegossen. Ein Besuch des Skulpturengartens am Haus ist auf jeden Fall anregend. *Di–So 12–17 Uhr | Eintritt 1500 ISK | Eíríksgata 3 | lej.is | Garten ganzjährig geöffnet | Eintritt frei | ▥ c4*

🔢 ISLÄNDISCHES NATIONAL-MUSEUM (ÞJÓÐMINJASAFN)

Hinein in die Geschichte und Kultur Islands. Spielerisch und multimedial wird das Leben der ersten Siedler bis hin zur heutigen isländischen Gesellschaft präsentiert. Daneben gibt es wechselnde Ausstellungen. Die gelungene Präsentation sowie die lichte Architektur der Räume haben dem Museum eine Auszeichnung eingebracht; mit Musseumsshop und Café. *Mai–15. Sept. tgl. 10–17, 16. Sept.–April Di–So 10–17 Uhr | Eintritt 2500 ISK | Suðurgata 41 | thjodminjasafn.is | ⏱ 1 Std. | ▥ b4*

🔢 PERLAN ★ 👥

Genau auf dem Gipfel des bewaldeten Hügels Öskjuhlíð steht das futuristisch anmutende Wahrzeichen von Reykjavík: Perlan. Die schimmernde Kuppel, „die Perle", in der sich Sonne, Wolken und Himmel spiegeln, ruht auf sechs Heißwassertanks. Bis zu 20 Mio. Liter Thermalwasser aus der Umgebung der Stadt, die Wohnungen, Schwimmbäder und Bürgersteige beheizten, konnten hier gespeichert werden. Heute sind noch zwei Tanks in Betrieb; in den anderen erlebt man die „Wonders of Iceland". Hinein geht es ins Blau der begehbaren Gletscherhöhle und anschließend interaktiv die

Gletscherwelt erforschen. In weiteren Tanks erlebst du Polarlichter, schlenderst durch Land und Meer oder blickst in die Sterne. Die wunderbaren Ausstellungen sind ideal für Familienbesuche. Auf den Tanks wanderst du rund um die spiegelnde Kuppel und genießt den Panoramablick bis zum Gletscher Snæfellsjökull. Es gibt auch eine Zipline: Mit 50 km/h geht es von Perlan 230 m in die Natur. *Tgl. 9–19 Uhr | Eintritt 4690, Kinder 2690 ISK | perlan.is | ⏱ 1–2 Std. | ▥ d6*

🔢 ÁRBÆJARSAFN 👥

Wie beschaulich und ländlich es doch einst in Reykjavík war! Das Freilichtmuseum besteht aus 27 historischen Gebäuden aus der Zeit von 1820 bis 1907. An den Wochenenden werden Programme für Kinder angeboten, und in Kursen kannst du alte Landwirtschaftstechniken erlernen. Interessant ist auch die Ausstellung mit altem Spielzeug. Doch auch die „großen" Kinder haben ihren Spaß, z. B. mit vierhörnigen Schafen. *Juni–Aug. tgl. 10–17, Sept.–Mai 13–17 Uhr, tgl. Führungen 13 Uhr (engl.) | Eintritt 1740 ISK, Kinder frei | Kistuhylur 4 | reykjavikcitymuseum.is | ▥ 0*

ESSEN & TRINKEN

BÆJARINS BEZTU

Der Hit für Hotdog-Freunde: hier gibt es die besten! Schon seit Generationen stehen die Reykjavíker hier Schlange. *Von morgens bis in die Nacht | Ecke Tryggvagata/Pósthússtræti | € | ▥ b3*

CAT CAFÉ

Jetzt auch in Reykjavík: das erste Katzencafé in Island. Für Katzenliebhaber ein Hit. In der gemütlichen Atmosphäre fühlen sich Stubentiger und Besucher wohl. Kuchen und Kaffee gibt es natürlich auch. *Tgl. 11–17.30 Uhr | Bergstaðastræti 10a | kattakaffihusid.is | € | ⊞ c3*

HLEMMUR MATHÖLL

Aus dem ehemaligen Busbahnhof ist ein beliebter Treffpunkt mit zehn verschiedenen Restaurants, Bistros und Cafés geworden, eine gute Einstimmung in die Nacht. Das Angebot reicht von asiatisch bis vegetarisch. Wenn du Selbstversorger bist, kannst du hier gutes Brot und isländisches Gemüse kaufen. *Tgl. 10–23 Uhr | Laugavegur 107 | hlemmurmatholl.is | €–€€ | ⊞ d4*

INSIDER-TIPP
Alles frisch

KAFFIVAGNINN

Lass dir die guten Fischgerichte schmecken, mit Blick auf den Hafen. Hierher kommen seit 1935 auch die Fischer und Seeleute. Ursprünglich und einfach. Wie wäre es mit dem klassischen Krabbensandwich? *Mo–Fr 7.30–18, Sa/So 8–18 Uhr | Grandagarður 10 | Tel. 5 51 59 32 | € | ⊞ b2*

MATARKJALLARINN – FOOD CELLAR

Hervorragende Küche mit isländischen Zutaten wie Lamm, Fisch und Kräutern. Zum Abschluss ein Cocktail in der Piano-Bar. *Tgl. 17–23, Mo–Fr auch 11.30–14.30 Uhr | Aðalstræti 2 | Tel. 55 80 00 | €€€ | ⊞ b3*

SHOPPEN

Die Einkaufsstraßen Reykjavíks heißen *Laugavegur, Aðalstræti* und *Skólavörðurstigur.* Neben Designer- und Modegeschäften gibt es innovative Juweliere. Der neue Krimi? Der beste Bildband? Die Antwort findest du bei einem Besuch in der Buchhandlung *Eymundsson.* Das Beste für die Ohren steht in den Läden *Skifan* und *12 Tónar.* Hier findet man alles, was in Islands Musikszene angesagt ist.

INSIDER-TIPP
Schmökern und Stöbern

In den Malls ☂ *Kringlan* und *Smáralind* (etwas außerhalb in Kópavogur) gibt es außer isländischen und internationalen Läden auch Cafés und Kinos. Auf dem Flohmarkt *Kolaportið (Sa, So 11–17 Uhr)* am Hafen entdeckst du sicher das, was du noch nie wolltest und jetzt unbedingt brauchst.

ORRIFINN SKARTGRIPIR

Du suchst den besonderen Schmuck aus Island? In dieser Werkstatt könntest du ihn finden, z. B. geflochtene Armbänder und Ringe aus Silber und Bronze. *Mo–Fr 10–18, Sa 11–16 Uhr | Skólavörðustíg 43 | Tel. 7 89 76 16 | orrifinn.com | ⊞ c4*

THE HANDKNITTING ASSOCIATION OF ICELAND

Wie wäre es mit Gestrickten? Hier gibt es ein breites Angebot an Pullovern, Mützen oder Decken von traditionell bis fashionable. Wer gerne selber strickt, greift zur isländischen Wolle – mit Strickanleitung. *Mo–Fr 9–18, Sa/*

In der Einkaufsstraße Laugavegur findet man sicher etwas Schönes

So 12–18 Uhr | Skólavörðustígur 19 | Tel. 5 52 18 90 | handknitted.is | ▭ c3

SPORT & SPASS

BIKE & SEGWAY

Unabhängig kannst du die Stadt erkunden, auch mit einem E-Bike. Außerdem gibt es geführte Touren, z. B. per Segway *(1 Pers. 39 000 ISK, je mehr Teilnehmer desto günstiger). Reykjavík Bike Tours | Sommer tgl. ab 9, Winter Fr/ Sa ab 10 Uhr | Ægisgarður 7, am alten Hafen | Tel. 6 94 89 56 (Fahrrad)*

Eine schöne Radtour ist der Weg entlang der Küste bis zum Vogelschutzgebiet am *Leuchtturm Grótta.* Fahrräder verleiht auch *Borgarhjól (▭ c3) (Hverfisgata 50 | Tel. 5 51 56 53).*

TAUCHEN

Tauchausflüge in der Umgebung von Reykjavík, auf der Reykjanes-Halbinsel und im Þingvallavatn. Auch Nacht-

ausflüge sowie Schnorcheln sind im Angebot. *Dive Iceland | Hátún 15 | Tel. 8 88 80 80 | diveiceland.com*

STRÄNDE

NAUTHÓLSVÍK

Ja, es gibt einen Badestrand. Er liegt am Rand des Naherholungsgebiets Öskjuhlíð mit 20 Grad Badetemperatur durch Thermalwasserzufuhr. Im Sommer herrscht hier Mallorca-Enge, denn die Anlage misst gerade einmal 100 m – dennoch ein besonderer Badeort. *15. Mai–15. Aug. tgl. 10–19, 16. Aug.–14. Mai Mo-Fr 11–14, Mo, Mi 17–20, Sa 11–16 Uhr | im Winter 740 ISK, im Sommer Eintritt frei | Nauthólsvegur | nautholsvik.is | ▭ 0*

WELLNESS

☂ Reykjavík mit seinen acht Thermalbädern (das größte ist *Laugardalur*) wird auch „Spa City" genannt. Für Entspannung Suchende: *Vesturbæjarlaug* (🗺 a3) *(Hofsvallagata | Eintritt 1100 ISK)*. In diesem Bad trifft sich die Prominenz der Stadt.

INSIDER-TIPP
Incognito als Tourist

Oder möchtest du ohne Touristen nur mit Isländern baden? Dann ist das Bad *Grafarvogslaug (Dalhús | Grafarvógur | Eintritt 1100 ISK)* genau richtig.

Direkt neben dem großen Laugardals-Bad liegt das Spa-Resort *Laugar* (🗺 f3) *(Sundlaugavegi 30a | Eintritt ab 6500 ISK | laugarspa.com)* mit einem vielseitigen Wellnessangebot (Warmwassertherapien, Massagen und kosmetische Behandlungen, oft auch mit isländischen Produkten).

AUSGEHEN & FEIERN

KÍKÍ QUEER BAR

Hier trifft sich die queere Szene und alle, die Spaß haben wollen, auf zwei Etagen. Egal, welchen Namen diese Bar trägt, sie war und ist beliebt. *Laugavegur 22 | kiki.is |* 🗺 c3

SIRKUS

Einer der legendären Treffpunkte in Reykjavík ist wieder zurück. Mit viel Kunst – rund 20 Künstler stellen hier aus – und Musik; ideal um einen Cocktail zu genießen. *Lækjargata 6 | Tel. 6 96 81 63 |* 🗺 b3

SLIPPBARINN

Beliebter Ort bei den Reykjavíkern mit Musik am Mittwoch und vielen Events. Auch ideal, um abzuhängen. Frühstück, Brunch und Abendkarte. *Myrargata 2 | Tel. 5 60 80 80 | slippbarinn.is |* 🗺 b2

RUND UM REYKJAVÍK

LEUCHTTURM GRÓTTA

10 km westlich von Reykjavík, am schönsten mit dem Fahrrad

Am äußersten Zipfel der Halbinsel Seltjarnarnes ist der Platz für Verliebte. Sommers wie winters kamen die jungen Isländer hierher, jetzt sind es nicht selten ganze Busse, um die Nordlichter zu sehen. Nirgendwo in Reykjavík ist der Blick über das Meer bei sinkender Sonne so schön, bei klarer Sicht siehst du sogar den Snæfellsjökull. Den Leuchtturm kannst du bei Ebbe leicht erreichen. In Strandnähe liegt ein ausgewiesenes Vogelschutzgebiet. Entlang der Küste führt ein schöner Weg dorthin. 🗺 E9

VIÐEY

1 km von Sundahöfn (Haupthafen in Reykjavík)

Die kleine Insel im Fjord Kollafjörður nördlich der Stadt lieben die Reykjavíker als Ausflugsziel. Zeugnisse der langen Geschichte, sind das älteste erhaltene Gebäude des Landes, das der Landvogt Skúli Magnússon 1753–1755 errichten ließ, sowie die kleine Kirche daneben aus dem Jahr 1774. Die markierten Wege auf der Insel führen im Osten zu den Ruinen eines Dorfs, das bis Anfang des

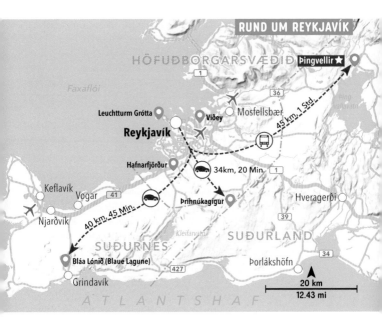

20. Jhs. einen Überseehafen besaß. Im westlichen Teil steht das Kunstwerk „Etappen" von Richard Sierra, das kongenial in die Landschaft mit Blick auf Reykjavík eingepasst ist. 2007 ließ Yoko Ono zur Erinnerung an ihren Ehemann John Lennon den „Image Peace Tower" auf Viðey errichten. *Fähre ab Sundahöfn, Skarfabakki | tgl. 10.15–17.15 Uhr stündlich, ab Viðey 10.30–18.30 Uhr | 1950 ISK |* ⚏ *E9*

HAFNARFJÖRÐUR

12 km südlich von Reykjavík, 15 Min. mit dem Auto oder 20 Min. mit dem Bus

Wenn du Elfen und Wikinger treffen willst, dann ist Hafnarfjörður genau richtig. Aufgrund seiner guten Hafenanlage war der Ort ein wichtiger Handelsplatz und viele Jahrhunderte der Haupthafen der deutschen Hanse in Island. Auch heute ist die Hafenwirtschaft der Haupterwerbszweig, zumal vor den Toren des Orts die Aluminiumschmelze Straumsvík steht.

Hafnarfjörður wurde in die Lava Búrfellshraun gebaut, was den Charakter der Ortsanlage bestimmt. Es heißt, in den Lavagebilden lägen große Elfensiedlungen, und anhand eines entsprechenden Plans kann man die imaginären Wohngebiete des sagenhaften Volks sogar abspazieren *(Touristinformation | Tel. 5855500).* Aber auch die Wikinger fühlen sich hier wohl. Jedes Jahr findet ein zünftiges Fest mit Mittelaltermarkt statt. Im *Viðistaðatún Park* hat man schön viel Platz und genießt vor allem das gegrillte Lammfleisch. ⚏ *E9–10*

Vor allem im Winter ist die Blaue Lagune ein besonderes Wellnesserlebnis

ÞRÍHNÚKAGÍGUR

34 km südöstl. an der 417, 20 Min. mit dem Auto; es besteht auch ein Abholservice aus Reykjavík 120 m fährst du in das Innere eines Vulkans, doch keine Angst: Der Þríhnúkagígur ist seit 4000 Jahren inaktiv. Dieses besondere Erlebnis erwartet dich in der Nähe des Skigebietes Blafjöll. *44 000 ISK | Tel. 5 19 56 09 | insidethevolcano.com | ⬛ E10*

INSIDER-TIPP
Mit dem Fahrstuhl ins Erdinnere

BLÁA LÓNIÐ (BLAUE LAGUNE)

40 km südwestlich, 45 Min. Auto, regelmäßige Busverbindungen Der berühmteste Badeplatz Islands liegt umschlossen von Lava auf der Halbinsel Reykjanes. Das Wasser stammt von dem nahegelegenen geothermischen Kraftwerk, quasi Abwasser. Die geniale Vermarktung lockt jährlich Tausende an. Der milchigblaue Badesee hat seine Farbe von Mineralien und Algen, die nachweislich heilende Wirkung bei Hauterkrankungen haben. Je nach Lichtverhältnis changiert die Farbe von Türkis bis Tiefblau. Das Bad in dem 38 Grad warmen, salz- und mineralhaltigen Wasser ist sehr entspannend. Zur Tiefenreinigung der Haut kannst du mit Kieselschlamm ein Peeling machen. Weitere Angebote sind u. a. Massagen und Packungen. Im zugehörigen *Restaurant (Tel. 4 20 88 00 | €€-€€€)* werden leichte Gerichte ebenso wie Feinschmeckermenüs angeboten. Achtung: im Sommer sehr voll! *Ab 8490 ISK, Tickets müssen online im Voraus gekauft werden; auf dem Ticket* dann Datum und genaue Uhrzeit | 240 Grindavík | Tel. 4 20 88 00 | bluelagoon. com | ⌑ D10

ÞINGVELLIR ★
45 km östlich, 50 Min. mit dem Auto oder 1 Std. mit dem Bus

Þingvellir heißt übersetzt „Versammlungsebenen". Hier wurde Geschichte geschrieben und hier kommen die Isländer seit der Ausrufung des Freistaats 930 hin, wenn besondere Ereignisse wie die Gründung der Republik Island 1944 gefeiert werden. Im Selbstverständnis der Isländer ist es der bedeutendste Ort des Landes, der schon 1928 Nationalpark wurde und seit 2004 zum Unesco-Welterbe gehört. Für die Wahl dieses Orts als Althing-Platz, sprachen die große Fläche, die gute Erreichbarkeit für die meisten Siedler sowie das Vorhandensein von Wasser und Weiden für die Pferde. Einmal im Jahr trafen sich für 14 Tage alle Stammesoberhäupter (Goden) und ihre freien Bauern, um Gesetze zu hören, Urteile zu fällen und politische Entscheidungen zu treffen.

Vom Aussichtspunkt, an dem sich ein *Besucherzentrum (tgl. 9–19 Uhr | Toiletten 200, Parkplatz 750 ISK, online bezahlen unter checkit.is | thing vellir.is)* befindet, hat man einen guten Überblick über die Landschaft mit Islands größtem See, dem *Þingvallavatn* (85 km^2), den ihn umgebenden Bergen und der *Almannagjá* („Schlucht aller Männer"), durch die ein Weg führt. Vom Lögberg („Gesetzesfelsen") aus trug der Sprecher die Gesetze vor; in der Nähe liegen alte Hinrichtungsplätze. Nördlich der Al-

mannagjá befindet sich der Wasserfall *Öxarárfoss*, der – vermutlich im 10. Jh. – künstlich geschaffen wurde, damit das Wasser des Öxará in die Ebene zu den Pferden abfließen konnte.

Für Geologen ist Þingvellir eine Offenbarung, es ist die Fortsetzung des mittelatlantischen Rückens, wo die eurasische und die amerikanische Kontinentalplatte auseinanderdriften, deutlich zu erkennen an den Schluchten Almannagjá und *Hrafnagjá* („Rabenschlucht"), die von Nordosten nach Südwesten verlaufen. Messungen haben ergeben, dass sich Þingvellir jährlich um 8 mm senkt und um rund 2 cm ausdehnt.

Bis zu 15 m tief einzutauchen in die Spalte *Sílfra* zwischen den beiden Kontinentalplatten ist für Taucher natürlich ein ganz besonders Erlebnis, sogar Nachttauchgänge werden angeboten *(diveiceland.com).* ⌑ F9

SCHÖNER SCHLAFEN IN REYKJAVÍK

GELEBTE GESCHICHTE(N)
„Die Burg" nannte Jóhann frá Borg sein Hotel, das er mit seinen Preisgeldern aus Amerika bauen ließ. Er war dort ein erfolgreicher Ringer. Noch immer ist es das besondere *Hótel Borg* (⌑ b3), etwas luxuriöser, zentral direkt am Austurvöllur. Es gibt einige Erinnerungsstücke im Hotel, die sowohl Jóhann als auch die wilde Zeit in den 1950er-Jahren, als hier der Tanzsaal war, zeigen. *56 Zi. | Pósthússtræti 11 | Tel. 51 14 40 | hotelborg.is | €€€*

DER SÜDEN

HEISSE QUELLEN UND AKTIVE VULKANE

Im Süden breitet sich eine malerische Landschaft aus, mit grünen Wiesen und Weiden und breiten, schwarzen Sandstränden, die weiter östlich in die durch Schmelzwasserablagerungen entstandenen Sanderebenen am Fuß des Mýrdalsjökull übergehen. Hier verläuft eine der aktiven Vulkanzonen, Vulkanausbrüche und Erdbeben gehören dazu. Hekla, die Höllenpforte, faucht regelmäßig, und besonders gefährlich sind die Ausbrüche der Vulkane unter den Gletschern, wie der Eyjafjallajökull 2010. Dieser Ausbruch sorgte

Gullfoss wird auch der „goldene Wasserfall" genannt

nicht für eine zerstörerische Überschwemmung, sondern seine Aschewolke legte den weltweiten Flugverkehr teilweise lahm. 2011 war es dann der Grímsvötn unter dem Vatnajökull und im Juni unter dem Mýrdalsjökull mit anschließendem Gletscherlauf, der ein Teil-stück der Ringstraße zerstörte. Die geothermische Energie im Süden wird für die zahlreichen Gewächshäuser und für die Stromerzeu-gung genutzt. Der berühmte Geysir im Haukadalur bietet darüber hinaus ein spritziges Heißwasser-Schaupiel.

DER SÜDEN

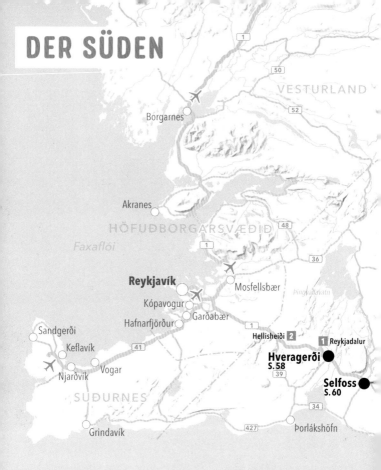

Borgarnes

VESTURLAND

Akranes

HÖFUÐBORGARSVÆÐIÐ

Faxaflói

Reykjavík

Kópavogur

Hafnarfjörður

Garðabær

Mosfellsbær

Þingvallavatn

Sandgerði

Keflavík

Njarðvík

Vogar

Hellisheiði **2**

1 Reykjadalur

Hveragerði ●
S. 58

Selfoss ●
S. 60

SUÐURNES

Grindavík

Þorlákshöfn

MARCO POLO HIGHLIGHTS

★ **GEYSIR**
Der Namensgeber aller Springquellen
➤ S. 61

★ **GULLFOSS**
Wasserkraft und Wasserschönheit
➤ S. 61

★ **ÞÓRSMÖRK**
Im Schutz der Gletscher liegt „Thors Wald"
➤ S. 62

★ **HEIMAEY**
Eine Insel mit zwei Bergen… ➤ S. 63

★ **HEKLA**
Einst Tor zur Hölle, immer noch ein aktiver
Vulkan ➤ S. 63

Geysir ★ **4**

5 Gullfoss ★

SUÐURLAND

Reykholt **3**

72 km, 1 Std.

30

26

9 Hekla ★

50 km 1 ½ Std.

1

Hvolsvöllur
S.61

6 Hlíðarendi

8 Þórsmörk ★

7 Seljalandsfoss

33 km, 25 Min.

1

11 Skógar

Vestmannaeyjabær

Heimaey ★
S.63

Vík í Mýrdal
S.66
Dyrhólaey **10**

A T L A N T S H A F

20 km
12.43 mi

HVERAGERÐI

(□ F10) **Die geschützte Tallage und ihre Thermalquellen haben Hveragerði zur „Gartenstadt" Islands gemacht.**

Zahlreiche Gewächshäuser bieten kleinen Gemüsepflanzen Wärme und Schutz. Auch befindet sich hier die staatliche Gartenbauschule mit ihren vielfältig gestalteten Gärten und Forschungseinrichtungen. Neben dem Gemüseanbau ist der Tourismus ein wichtiger Wirtschaftszweig. Außerdem gibt es ein Rehazentrum für Rheumakranke und ein Sanatorium des Verbands für Naturheilkunde. In den letzten Jahren haben sich immer mehr Künstler hier niedergelassen, einige Isländer sprechen schon vom „Hippie-Dorf".

SIGHTSEEING

THE QUAKE

Im Einkaufszentrum Sunnumörk veranschaulicht diese Ausstellung die Folgen des Erdbebens im Mai 2008. Zu sehen sind u. a. Einrichtungsgegenstände, die bei dem Beben, das die Stärke 6,3 auf der Richterskala erreichte, demoliert wurden, und im Erdbebensimulator *(700 ISK)* kann man erleben, wie sich ein Erdbeben anfühlt. *Sunnumörk 2–4 | Eintritt frei*

THERMALGEBIET 🐷

Im Zentrum liegt eines der zahlreichen Thermalgebiete des Orts. Hier findest du auch Informationen über die unterschiedlichen Quellen, ihre

Wirkungsweise und Beschaffenheit. *Juni–Aug. Mo–Sa 9–18, So 10–16 Uhr; weitere Öffnungszeiten telefonisch erfragen | Eintritt 300 ISK, Kinder frei | Hveramörk 13 | Tel. 4 83 50 62*

ESSEN & TRINKEN

RESTAURANT VARMÁ

Slow Food mit schönem Blick auf den Fluss und exzellenten Gerichten aus isländischen Produkten, z. B. Fohlen oder Kabeljau. *Tgl. 8–22 Uhr | Hverhamar | Tel. 4 83 49 59 | €€–€€€*

SPORT & SPASS

Reittouren jeder Art, auch Anfängerkurse mit Islandpferden für Kinder, organisiert 🐎 *Elðhestar (Vellir | Tel. 4 80 48 00 | eldhestar.is).* Für erfahrene Reiter ist der Schafabtrieb im September ein Erlebnis.

Sundlaugin Laugaskarð ist nicht nur eines der schönsten, sondern auch der ältesten Schwimmbäder in Island. Architektonisch stilvoll und ansonsten gemütlich, mit 50-m-Becken, Hot Pots, Sonnenbank und Sauna. *15. Mai–14. Sept. Mo–Fr 6.45–21.30, Sa/So 10–19, 15. Sept–14. Mai Mo–Fr 6.45–20.30, Sa/So 10–17.15 Uhr | Eintritt 1000 ISK | Reykjamörk | Tel. 4 83 41 13*

WELLNESS

HEILSUSTOFNUN NLFÍ

Es ist vor allem ein Rehazentrum, aber hier gibt es z. B. auch wohltuende Massagen, Schlamm- oder Kräuterbäder. Ein eigenes Schwimmbad ist auch im Haus. *Grænumörk 10 | heilsustofnun.is*

Draußen eisiger Wind, innen muckelig warm: Gewächshaus in Hveragerði

RUND UM HVERAGERÐI

1 REYKJADALUR
Ca. 4 km nördlich von Hveragerði, 1 Std. zu Fuß

Über die Straße, die nach Norden aus dem Ort hinausführt, gelangt man zu den Wanderwegen ins Reykjadalur. Neben Parkplatz und Café findest du hier den Hot Pot *Klambragilslaug* – Natur pur. Hinein ins warme Flusswasser! Im Sommer musst du die Wanne mit vielen teilen, im Winter bist du dagegen oft alleine. Für die einstündige Wanderung hierher und auch in der Umgebung sollte man feste Schuhe tragen, denn es gibt sehr heiße Stellen, oft dampfend, in die man sogar einbrechen kann. ⌑ F10

NSIDER-TIPP
Planschen im Freien

2 HELLISHEIÐI 🐒
18 km westlich von Hveragerði, 20 Min. mit dem Auto

Das geothermische *Kraftwerk Hellisheiðarvirkjun* liegt in einem Hochtemperaturgebiet im Hengill-Gebirge. Wasserdampf und heißes Wasser werden aus über 2000 m Tiefe hochgepumpt. Der Wasserdampf wird zur Stromerzeugung genutzt; das heiße Wasser zur Erwärmung von Frischwasser. Dieses warme Wasser wird anschließend in das Heizungsnetz von Reykjavík eingespeist.

Über die Technologie, über die Projekte und über die Region kannst du dich im Besucherzentrum des Kraftwerks informieren. Eine Cafeteria befindet sich ebenfalls im Haus. *Tgl. 9–17 Uhr | Eintritt mit Führung ab 1990 ISK (Onlinebuchungen günstiger), Kinder bis 12 J. frei | Tel. 5 91 28 80 | on.is/en/geothermal-exhibition |* ⌑ F10

SELFOSS

(⟐ F10) **Auf den ersten Blick verliebt man sich nicht in Selfoss, aber es ist ein perfekter Standort. Auf den zweiten Blick gefallen die Lage am Fluss Ölfusá und die Infrastruktur. Selfoss (8800 Ew.) ist Handelszentrum für die Landwirtschaftsprodukte des Südens.**

Schon 1929 wurde hier eine Molkerei eröffnet, die immer noch in Betrieb ist und den gesunden *skyr* (s. S. 29, Essen

Die Fontäne des Geysirs Strokkur steigt sprudelnd bis zu 20 m hoch

& Trinken) herstellt. Der legendäre Schachweltmeister Bobby Fischer hat hier seine letzten Jahre verbracht.

ESSEN & TRINKEN

FJÖRUBORÐIÐ

Das Restaurant im Rustikal-Look ist berühmt für seine Hummerkrabben. Dafür fährt der Reykjavíker auch schon mal aufs Land. Herrlicher Blick aufs Meer! *Tgl. 12–21 Uhr | Eyrarbraut 3a | Stokkseyri | Tel. 4 83 15 50 | €€-€€€*

KAFFI-KRÚS

Ein schnuckeliges Haus, gemütlich und nostalgisch eingerichtet. Kaffee und Kuchen vom Feinsten, das passt. *Tgl. 8.30–22, Fr/Sa bis 23 Uhr | Austurvegur 7 | Tel. 4 82 12 66 | €*

SPORT & SPASS

KAJAKAFERÐIR 👥

Die Touren mit dem Kajak finden entlang der Küste und auf Seen sowie Flüssen im Umland statt, abhängig vom Können. Sie sind zudem ideal für Kinder; man wird auch abgeholt. *Ab 4950, Kinder (6–14 J.) 1350 ISK | Heiðarbrún 24 | Stokkseyri | Tel. 6 95 20 58 und 8 68 90 46 | kajak.is*

RUND UM SELFOSS

🔳 REYKHOLT

40 km nordöstlich von Selfoss, 35 Min. mit dem Auto

Hier dampft's und zischt's. Und hier wächst Islands Gemüse in Gewächshäusern unterschiedlicher Größe. Erdwärme macht's möglich: Tomaten das ganze Jahr über in dem riesigen Gewächshaus *Friðheimar (tgl. 12–16 Uhr, unbedingt reservieren! | Tel. 4 96 88 94 | fridheimar.is).* Entdecke Kulinarisches aus Tomaten wie die Healthy Mary, ein köstlicher Drink aus grünen Tomaten mit Ingwer. Dazu gibt es hier die beste Tomatensuppe Islands. *G9*

INSIDER-TIPP
Healthy Mary statt Bloody Mary

4 GEYSIR ★

65 km nordöstlich von Selfoss, 1 Std. mit dem Auto oder Tagestour von Reykjavík

Ja, wo spritzt er denn? Manchmal kann man vor lauter Leuten den Geysir *Strokkur* gar nicht sehen. Doch dann schießt seine Wasserfontäne empor. Er ist verlässlich aktiv, während der *Große Geysir* schweigt. Dennoch beeindruckt sein 14 m großes Becken mit den faszinierenden Sinterablagerungen. Außer diesen beiden Springquellen sind noch viele kleine Quellen zu bewundern, deren Farben aufgrund der mineralischen Zusammensetzung von Türkisblau bis zu Rot variieren. Besuche das Thermalgebiet im Winter oder am späten Sommerabend. *G9*

INSIDER-TIPP
Besuch nach dem Ansturm

5 GULLFOSS ★

72 km nordöstlich von Selfoss, 1 Std. mit dem Auto

Nur 7 km entfernt von Geysir findest du einen weiteren beeindruckenden Wasserfall Islands, den „Goldenen Wasserfall". Der Gletscherfluss Hvítá stürzt in zwei Kaskaden, die im 90-Grad-Winkel zueinander stehen, 31 m tief in die Schlucht Hvítárgljúfur. Wasserfall und Schlucht stehen unter Naturschutz. Am oberen Parkplatz gibt es eine Ausstellung über den Gullfoss sowie einen Laden mit Cafeteria. *H9*

HVOLS-VÖLLUR

(*G11*) **Sicher nicht der Hit-Ort des Landes, aber von hier aus kannst du bestens die Umgebung kennenlernen und z. B. auf den Spuren der „Njáls saga" wandeln.**

Hvolsvöllur ist seit Jahrzehnten eine Versorgungsort und in den 1930er-Jahren gründete man hier die erste Koop-Gesellschaft der Region, nicht zuletzt aufgrund der günstigen Lage für die Bauernhöfe im Süden.

SIGHTSEEING

SAGA-ZENTRUM

Liebst du Vintage und Retro? Dann ist dieses Museum genau richtig. Die Präsentation ist herrrlich verstaubt, inhaltlich aber gut. Die „Njáls saga" gehört zu den berühmtesten Isländer-Sagas. Im Zentrum stehen der weise Njáll und sein Freund Gunnar, die Opfer der Rachsucht von

Gunnars Frau Hallgerður werden. *Tgl. 16–22 Uhr | Eintritt frei | Hlíðarvegur 14*

LAVA CENTRE

Das interaktive Museum ist ein Erlebnishaus, in dem du den ganzen Tag verbringen kannst. Alles über Vulkanismus und die Entstehung Islands erfährst du hier und spürst, wie die Erde bebt und die Lava ausströmt. Der Blick vom Dach ist entspannend, denn draußen ist alles friedlich und grün. *Juni–Aug. 9–18, Sept.–Mai 9–16 Uhr | Film und Ausstellung 3990, Kinder ab 12 J. 1990, Familie 9975 ISK | Austurvegur 14 | Tel. 4 15 52 00 | lavacentre.is*

INSIDER-TIPP
Lust auf Lava

ESSEN & TRINKEN

KATLA

Das Restautrant im *Lava Centre (s.o.)* bietet vor allem Gerichte mit regionalen Zutaten, auch vegetarisch, an und ist beliebt bei den Bewohnern. *Tgl. 9–21 Uhr | €€*

RUND UM HVOLS-VÖLLUR

6 HLÍÐARENDI
15 km östlich von Hvolsvöllur, 30 Min. mit dem Auto

Auf Spurensuche der „Njáls saga" stoppst du hier, um an Njáls Freund Gunnar zu denken.

INSIDER-TIPP
Saga zum Fühlen

Sein Hof und vermeintlicher Grabhügel liegen im malerischen Tal Fljótsdalur mit seinen grünen Hängen und zahlreichen Wasserfällen. Statt zu fliehen, blieb Gunnar, verzaubert von der Schönheit seines Hofs, im Land und wurde erschlagen. Von hier hast du einen wunderbaren Blick über die Ebene und den Fluss, umgeben von grünen Hängen. Die kleine Kirche rundet die Idylle ab. *H11*

7 SELJALANDSFOSS
20 km östlich von Hvolsvöllur, 30 Min. mit dem Auto

Autos über Autos stehen auf dem Parkplatz. Ja, er ist einer der beliebtesten Wasserfälle, der 40 m hohe Seljalandsfoss. Er stürzt an den fast senkrechten Bergwänden des Eyjafjallajökull neben vielen anderen herab. Das Besondere am Seljalandsfoss ist, dass man hinter dem Wasserschleier herlaufen kann. Unbedingt Regenzeug anziehen! *H11*

8 ÞÓRSMÖRK ★
40 km östlich von Hvolsvöllur, am Ende der Piste F 249, 1 ½ Std. mit dem Jeep, besser mit dem Bus

„Der Wald des Donnergotts" ist ein lauschiges Wanderparadies, umgeben von drei schützenden Gletschern. Schnür die Wanderstiefel und mach dich auf die Wege durch eine üppige Vegetation und auf erhabene Hügel. Reißende Gletscherflüsse machen schon die Anreise zu einem Erlebnis. Am Wochenende kommen vor allem junge Isländer hierher. Dann heißt es „Party-Time" – doch du findest auch ruhige, gemütliche Plätze. Ein Kiosk und Campingplätze sind vorhanden. Von Þórsmörk aus kannst du eine viertägige Wanderung nach *Landmannalaugar (III J10)* und eine zweitägige nach *Skógar (III J11)* machen. *Ferðafélags Íslands (Fí | Mörkin 6 | Reykjavík | Tel. 5 68 25 33 | fi.is)* und *Útivist (Laugavegur 178 | Reykjavík | Tel. 5 62 10 00 | utivist.is)* bieten die Wanderungen und Hüttenplätze an. *III J11*

9 HEKLA ★

50 km nordöstlich von Hvolsvöllur, 1 ½ Std mit Auto, Busse nach Landmannalaugar stoppen bei Nachfrage

Er spuckt und raucht seit Tausenden von Jahren, der Vulkan Hekla. Auf alten Islandkarten ist er immer mit einer Feuerhaube eingezeichnet. Der 4 km lange Spaltenvulkan ist schon von Weitem zu sehen. Das 1491 m hohe Massiv galt bis ins 18. Jh. als „Tor zur Hölle". Allein so konnten sich die Menschen die verheerenden Ausbrüche erklären, wie den von 1104, als eine blühende Siedlung im Tal Þjórsádalur zerstört wurde. Die zahlreichen Ausbrüche haben die Umgebung der Hekla zu einer eindrucksvollen Lavalandschaft gemacht. Der einfachste Aufstieg erfolgt von Norden aus und wird mit einem hervorragenden Blick auf das Hochland belohnt. Mit einem Geländewagen kannst du fast ganz hoch fahren. Das *Hekla-Zentrum (tgl. 10–22 Uhr | Eintritt 1000 ISK | im Hótel Leirubakki an der Straße Nr. 26)* präsentiert auf hervorragende Weise Informationen über den Vulkan und die Umgebung. *III H10*

Der bekannte Laugavegur-Wanderweg führt zum Vulkan Hekla

HEIMAEY

(III G12) **Südwestlich von Island liegen die Vestmannaeyjar-Inseln („Westmänner-Inseln"), deren südlichste, Surtsey, erst 1963–67 entstanden ist.**

Auch Island hat sein Lummerland, die ★ ⚑ Insel Heimaey, die seit dem legendären Ausbruch 1973 zwei Berge hat. Fast eine andere Welt, denn die Insulaner sind ein ganz besonderes Völkchen. Aufgrund der überschaubaren Größe der Insel, sie hat eine Gesamtfläche von 11,3 km², lässt sie sich gut zu Fuß erkunden. Berühmt wurde die Insel, als am 23. Januar 1973 ein neuer Vulkan ausbrach. Aus einer 1,6 km langen Spalte schoss die Lava heraus, ergoss sich über die Häuser und drohte die Hafeneinfahrt zu verschließen. Fünf Monate dauerte der Ausbruch, und die Asche begrub ein Drittel aller Gebäude. Heute ist Heimaey wieder eine grüne Insel, deren Bewohner die Lava als willkommenes Baumaterial nutzen. Die erkalteten Lavamassen an der Hafeneinfahrt bieten zudem einen guten Schutz gegen den Nordostwind. Vom Eldfell und dem alten Vulkan Helgafell kannst du die ganze Insel bis zur Südküste Islands mit den Gletschern Eyjafjallajökull und Mýrdalsjökull überblicken. Die Fähre „Herjólfur" verkehrt zwischen Landeyjahöfn und Heimaey mehrmals täglich, bei stürmischer See vor allem ab Þorlákshöfn. *Hin u. zurück 4000 ISK (ab Landeyjahöfn und Þorlákshöfn) | Tel. 4 81 28 00 | herjolfur.is*

Putzige Papageitaucher auf den Vestmannaeyjar-Inseln

SIGHTSEEING

ELDHEIMAR

Das 2014 eröffnete Museum „Feuerwelt" über die Vulkanausbrüche auf Heimaey und die Entstehung von Surtsey zeigt unter anderem ein ausgegrabenes Haus, das 1973 verschüttet wurde. Hier hörst du, wie laut ein Ausbruch ist. *10. Mai–15. Sept. tgl. 11–17, sonst tgl. 13.30–16.30 Uhr | Eintritt 2900 ISK | Gerðisbraut 10 | eldheimar.is*

SKANSINS

Die Befestigungsanlage oberhalb des Hafens ließen die Dänen im 16. Jh. bauen, doch sie schützte nicht vor dem Überfall nordafrikanischer Piraten, die 1627 die Hälfte der Bevölkerung in die Sklaverei verschleppten. Teile ihrer Schiffsausrüstung sind im Regionalmuseum zu sehen. Neben der Anlage steht eine Stabkirche, die Norwegen den Isländern im Jahr 2000 anlässlich der 1000-jährigen Christianisierung schenkte. Daneben steht Landlyst, Islands erste Geburtsklinik (1847), heute ein Museum. *Museum 15. Mai–15. Sept. tgl. 11–17 Uhr | Eintritt 500 ISK*

KLETTSVÍK 🐋

Rettet die Wale! Hier haben sie nun ein neues Schutzgebiet. Seit März 2019 wird es

INSIDER-TIPP
Weiße Wale ganz nah

benutzt und die ersten Gäste sind zwei Belugas. Natürlich hat man diese Einrichtung nicht ganz selbstlos eröffnet, Arbeitsplätze und Touristen verspricht man sich. Besuche sind nur mit einem Boot möglich. Anschließend geht es in die Ausstellung und Rettungsstation *Sealife Trust*, wo es auch Papageitaucher gibt. *2. April–2. Okt Mo–Sa 10–16, So 13–16 Uhr | Ægisgata 2 | Tel. 5 40 27 00 | Eintritt 3050 ISK, Boot und Zentrum 9900 ISK | sealifetrust.com*

STÓRHÖFÐI

Eine Wanderung entlang der Westküste der Insel bis zur Südspitze Stórhöfði, von der du bei klarem Wetter die zahlreichen unbewohnten Nachbarinseln sehen kannst, ist einfach und erholsam. Tausende Seevögel nisten in den Klippen, vor allem große Kolonien der Papageitaucher. Stórhöfði hat eine Wetterstation und einen guten Ausblick nach Surtsey.

SURTSEY

Ein submariner Vulkanausbruch baute die Insel innerhalb von vier Jahren auf. Die Eruption begann am 14. November 1963, und die letzte Lava floss am 5. Juni 1967. Seitdem haben Brandung und Wettereinflüsse das Aussehen der Insel, die unter Naturschutz steht und seit 2008 zum Weltnaturerbe der Unesco gehört, permanent verändert. Bootstouren oder Rundflüge sind die einzigen Möglichkeiten, um einen Eindruck von Surtsey zu erhalten. Infos: *Viking Tours (s. re.).* ▨ *G 12*

ESSEN & TRINKEN

BROTHERS BREWERY

Das Bier der örtlichen Brauerei hat 2016 einen nationalen Preis gewonnen. In der örtlichen Braustube kannst du alle Sorten probieren. *Sept.–April Do 16–24, Fr 16–1, Sa 14–1 Uhr, Mai–Aug. Mi/Do 16–24, Fr 16–1, Sa 14–1 Uhr | Bárustígur 7 | tbb.is*

GOTT

Beliebt in der Stadt wegen der guten Küche mit frischen Zutaten, von Fisch- bis zu vegetarischen Gerichten. *Tgl. 11.30–21.30, Fr/Sa bis 22 Uhr | Bárustígur 11 | Tel. 4 81 30 60 | €–€€*

SLIPPURINN EATERY

Die ehemalige Maschinenhalle der Werft ist jetzt ein gemütliches Restaurant. Bei den Gerichten setzt man auf Tradition (sogar Minkwal-Steak vom Grill gibt es), frische Kräuter und neue Gewürzideen. *4. Mai–10. Sept. Mi–So 17–23 Uhr (Küche bis 22 Uhr) | Strandvegur 76 | Tel. 4 81 15 15 | slippurinn. com | €€–€€€*

SPORT & SPASS

Bootstouren um die Inseln mit Vogel- und Walbeobachtung kannst du buchen bei *Viking Tours (Heiðarvegur 59 | Tel. 4 88 48 00 | vikingtours.is).* Klippenwanderung und Fahrt mit dem Ribboot oder doch lieber mit individueller Begleitung? *Seabirds and Cliffs Adventures (Ægisgata 1 | Tel. 8 93 21 50 | saca.is)* bietet all das.

FESTE

Auf Heimaey gibts besondere Feste: *13. Weihnachtstag:* 6. Januar; die 13 Weihnachtswichtel ziehen in Begleitung ihrer Trolleltern mit Fackeln durch die Stadt; zum Abschluss: Feuerwerk. *Ende des Vulkanausbruchs:* 1. Wochenende im Juli; mit Musik und Tanz

Vík í Mýrdal: Gigantische Kliffs säumen die Küste bis zu den Felsspitzen Reynisdrangar

wird daran erinnert, als endlich die Lava stoppte.

Nationalfeiertag: 1. Wochenende im August; in Erinnerung an die Feier von 1874, an der die Bewohner nicht in Þingvellir teilnehmen konnten. So feierten die Heimaeyer auf der Insel und behielten die Tradition bei. Mit Musik und Klippenklettern geht es hoch her. Wer dabei sein möchte, sollte sich rechtzeitig einmieten.

STRÄNDE

An der Westküste auf dem Weg nach Stórhöfði ist ein schöner Strand, der im Sommer zum (Sonnen-)Baden aufgesucht wird.

VÍK Í MÝRDAL

(🗺 J12) **Vík ist der südlichste Ort Islands, und liegt am Reynisfjall (340 m) inmitten grüner Wiesen,** **umrahmt von schwarzen Sandern und Stränden.**

Tausende von Seevögeln leben hier, wie Küstenseeschwalben und Eissturmvögel, die hier auch nisten. Vík liegt im Zentrum des 9500 km² großen *Katla Geoparks (katlageopark.is)*, der von Hvolsvöllur im Westen bis auf den Vatnajökull reicht.

SIGHTSEEING

REYNISDRANGAR

Südlich vom Reynisfjall ragen drei Felsspitzen aus dem Meer, die höchste von ihnen misst 66 m. Auf dem Weg dorthin kommst du an einem Gedenkstein für ertrunkene Seeleute von deutschen Fischkuttern vorbei. Es heißt, die Reynisdrangar seien versteinerte Trolle.

ESSEN & TRINKEN

SVARTA FJARAN

Direkt an der Nehrung Dyrhólaós liegt der „schwarze Klotz". Neben gut zubereiteten Gerichten, auch vegetarisch, wird auch selbstgebackener Kuchen angeboten. *Tgl. 11–20 Uhr | am Ende der 215 | Tel. 5 71 27 18 | svartafjaran. com | €*

STRÄNDE

DYRHÓLAÓS 🏖

Der schwarze Lavastrand der Nehrung zählt zu den zehn schönsten des Landes. Wellenspiel, Lavakiesel und begehbare Höhlen, umrahmt von Basaltsäulen, ein Traum in schwarz-weiß.

RUND UM VÍK Í MÝRDAL

🔟 DYRHÓLAEY

19 km westlich von Vík, 20 Min. mit dem Auto

Das Vorgebirge westlich von Vík ragt 120 m aus dem Meer, seinen Namen „Türhügelinsel" hat es nach einem Felstor. Auf dem Kap steht ein Leuchtturm von 1910. Von dort hast du einen überwältigenden Blick auf das Meer und die Gletscherlandschaft. 📖 *J12*

🔢 SKÓGAR

33 km westlich von Vík, 25 Min. mit dem Auto

Fast jeder hat ein Bild dieses imposanten Wasserfalls gesehen, des 60 m hohen Skógafoss. Er rauscht und spritzt und wenn du dem Weg (Treppe und Pfad) hinauf gehst, kannst du von oben in die Wassermassen blicken.

INSIDER-TIPP
Wasserfälle zu entdecken

Folge unbedingt weiter dem Pfad, denn dann wanderst du bald alleine und siehst zahllose kleine Wasserfälle.

Es heißt, dass bei Sonnenschein das Gold in der Kiste schimmere, die der erste Siedler Skógars hinter dem Wasserfall versteckt haben soll. Als ein Junge sich die Kiste holen wollte, habe er nur den Griff zu fassen bekommen, der jetzt im Freilichtmuseum Skógar liegt. Dieses *Museum (Juni–Aug. tgl. 9–18, Sept./Okt./Mai 10–17, Nov.–April 10–16 Uhr, Café Juni–Aug. tgl. 10–17 Uhr | Eintritt 2300 ISK | skogasafn.is)* informiert u. a. über die Transportgeschichte der Insel. 📖 *J11*

DER OSTEN

EISZEIT UND GLETSCHERWELT

Die Urgewalten der Natur haben diese Wow-Region geformt und sie sind immer noch am Werk: Feuer, Wasser und Stürme. Es ist eine Landschaft im Bann des Vatnajökull. Weite Teile südlich des größten Gletschers der Insel sind von seinen zahllosen Abflüssen versandet. Regelmäßige Vulkanausbrüche unter dem Eisschild führen zu Gletscherläufen, die durch die Jahrhunderte den ehemals grünen Landstrich in eine Ödnis verwandelt haben.

Alaskalupinen vor dem Vatnajökull machen Island zur „blauen Insel"

Entlang der Ostküste folgen die tiefen Fjorde, geformt durch die Gletscher der Eiszeit mit steil aufragenden Basaltrücken, den ältesten Gebirgen des Landes. Der Basalt mit seiner Säulenstruktur dominiert, doch die geradezu unwirklich scheinende Farbigkeit der Berge ergibt sich aus dem Rhyolith. Die kleinen Orte waren einst wichtige Handels- und Fischerplätze; heute kämpfen sie um ihr Überleben. Aus diesem Grund wurde die Region durch die Aluminiumschmelze in Reyðarfjörður belebt.

DER OSTEN

NORÐURLAND
EYSTRA

100 km, 1 ¼ Std.

8 Kárahnjúkar-Staudamm

AUSTURLAND

75 km, 1 Std.

Höfn
S.72

1 Jökulsárlón ⭐

2 Skaftafell ⭐

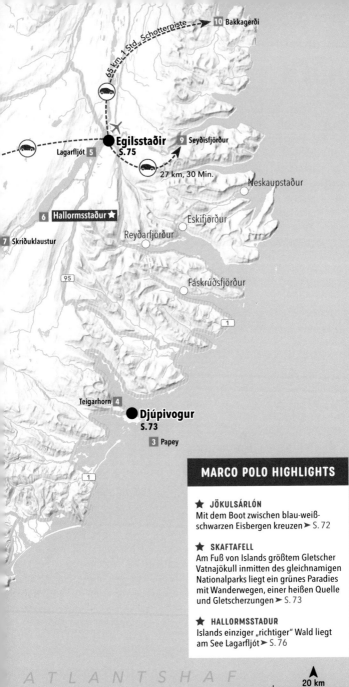

65 km, 1 Std. Schotterpiste ➤ **10** Bakkagerði

🚗

Lagarfljót **5** ● **Egilsstaðir** ✈ **9** Seyðisfjörður
S. 75

🚗 27 km, 30 Min.

🚗

Neskaupstaður

6 Hallormsstaður ★

Eskifjörður

7 Skriðuklaustur

Reyðarfjörður

95

Fáskrúðsfjörður

1

Teigarhorn **4**

● **Djúpivogur**
S. 73

3 Papey

1

MARCO POLO HIGHLIGHTS

★ **JÖKULSÁRLÓN**
Mit dem Boot zwischen blau-weiß-schwarzen Eisbergen kreuzen ➤ S. 72

★ **SKAFTAFELL**
Am Fuß von Islands größtem Gletscher Vatnajökull inmitten des gleichnamigen Nationalparks liegt ein grünes Paradies mit Wanderwegen, einer heißen Quelle und Gletscherzungen ➤ S. 73

★ **HALLORMSSTAÐUR**
Islands einziger „richtiger" Wald liegt am See Lagarfljót ➤ S. 76

A T L A N T S H A F

20 km
12.43 mi

HÖFN

(◫ Q9) **Der kleine Ort, dessen Name schlicht „Hafen" bedeutet, ist das Verwaltungs- und Versorgungszentrum für die Gemeinden des Südostens. Seine Blütezeit liegt im 19. Jh. Der heutige Zauber ist die malerische Lage in der Nähe des Vatnajökull.**

In der Nähe des Hafens liegen das Freizeitgelände und das Vogelschutzgebiet Ósland, Heimstatt von Eistauchern, Küstenseeschwalben und Singschwänen.

SIGHTSEEING

GAMLABÚÐ

Mehrere kleine Ausstellungen in diesem Museum am Hafen informieren über die Geologie des Vatnajökull, die Ortsgeschichte und die Natur. In zwei weiteren Gebäuden erfährst du u. a. anhand von Booten etwas über das Leben der Fischer im 19. Jh. *Juni–Aug. tgl. 9–18, Mai/Sept. bis 17 Uhr | Eintritt frei | Heppuvegur 1 | vatnajokulsthjodgardur.is*

ESSEN & TRINKEN

KAFFI HORNIÐ

Man kann es eine Institution nennen, die immer neue Gerichte ausprobiert. Hummerkrabben sind natürlich ein Muss in der Stadt, aber selbst vegane Speisen finden sich auf der Karte. *Tgl. ab 11.30 Uhr | Hafnarbraut 42 | Tel. 4 78 26 00 | kaffi hornid.is |€€*

SPORT & SPASS

GLACIERJEEPS

Einmal auf dem größten Gletscher herumfahren. Zunächst geht es mit Four-Wheel-Drive-Jeeps hinauf und dann mit Snowmobilen auf den Vatnajökull *(z. B. 3 Std. mit 1 Std. auf dem Skidoo | 22 000 ISK). Ganzjährig | Abfahrt von der Ringstraße, Abzweig F 985 | Tel. 4 78 10 00 | glacierjeeps.is*

HÖFN-LOCAL GUIDE

Höfn mit Hulda kennenzulernen, ist ein wahrer Genuss, da du dabei mit Leuten aus dem Ort essen kannst.

INSIDER-TIPP
Entspannt genießen

Dazu weiß sie sehr viel und bietet auch Spaziergänge mit Yoga an. *Hafnarbraut 41 | Tel. 8 64 49 52 | hofnlo calguide.com*

RUND UM HÖFN

🔟 JÖKULSÁRLÓN ★

75 km südwestlich von Höfn, 45 Min. mit dem Auto, 1 Std. mit dem Bus

Szenen für „Game of Thrones" wurden hier gedreht. Die fantastische Kulisse des 200 m tiefen Gletschersees und darauf die blauschwarzen Eisberge vor dem Vatnajökull. Der Breiðamerkurjökull kalbt hier in den See. Bei einer 🎭 Bootsfahrt entweder mit dem Amphibienboot oder dem Zodiac spürst du die Kälte des Eises und kannst es sogar berühren.

In der Hauptsaison solltest du die Fahrt im Voraus buchen *(6000, Kinder (6-12 J.) 3000 ISK | Tel. 4 78 22 22 | icelagoon.is)*. Danach kannst du dich im *Café (Juni–Sept. tgl. 9–19, März– Mai, Okt. 9–18, Nov.–Feb. 9–17 Uhr | Tel. 4 78 22 22 | €)* mit Blick auf die Lagune stärken. ⌑ O10

② SKAFTAFELL ★
135 km westlich von Höfn, ca. 1½ Std. mit dem Auto

Inmitten des Vatnajökull-National- parks, mit 13 600 km² der größte Na- tionalpark Europas, liegt die grüne Oase Skaftafell zwischen den Glet- scherzungen Morsárjökull und Skaf- tafellsjökull. Über 210 höhere Pflan- zenarten wachsen in der klimatisch geschützten Gegend; auch die Vogel- welt ist vielfältig. Zahlreiche Wander- wege führen durch den Park, beliebte Ziele sind der Wasserfall *Svartifoss* und der Aussichtspunkt *Sjónarsker* mit Blick auf den Gletscher und das Schwemmgebiet *Skeiðarársandur.* Wenn du den höchsten Berg Islands, den *Hvannadalshnúkur* (2119 m), be- steigen möchtest, dann von hier aus. Informationen erhältst du im *Service- Center des Parks (Tel. 47 83 00 | vjp.is).* ⌑ N10

Engelwurz bewächst die Hänge am Wasserfall Svartifoss

DJÚPIVOGUR

(⌑ R7) **Djúpivogur? Das ist doch der kleine Ort mit den Graniteiern? Genau!**

Seitdem Sigurður Guðmundsson 34 Steineier entlang der Küstenstraße in der Bucht Gleðivík aufgestellt hat, ist der Ort in aller Munde. Die um ein Vielfaches vergrößerten Eier sind in ihrer Form den echten Vorbildern von heimischen Vögeln nachgeformt. An- sonsten ist von der Bedeutung des über 400 Jahre alten Handelsplatzes wenig zu sehen. Heute leben die Ein- heimischen von der Fischverarbei- tung und dem Tourismus.

SIGHTSEEING

Die Landzunge Búlandnes, auf der der Ort liegt, ist mit ihren zahlrei- chen Seen ein ausgewiesenes Ge- biet für Vogelbeobachtungen, ent- sprechende Hinweistafeln hat man dort aufgestellt. Der wunderschöne Rundweg beginnt oberhalb der

Schule. Umgeben von Vogelgezwitscher und vielen Blumen gehst du durch die weite Landschaft mit Blick über das Meer. Ganze 26 Vogelarten nisten und leben rund um die Gewässer – von Stockenten und Singschwänen bis hin zu den langhalsigen Lummen oder den hübsch gemusterten Harlekin-Enten. Denk an dein Fernglas!

ESSEN & TRINKEN

LANGABUÐ

Das älteste Haus ist heute der Treffpunkt des Ortes: Bingo, Musik, Ausstellung und Café. Im Sommer sehr beliebt bei Besuchern, kein Wunder bei den Torten. Außerdem kleine Gerichte. *Tgl. 10–17 Uhr | Tel. 4 78 88 20 | €*

INSIDER-TIPP
Schwelgen in Torten

RUND UM DJÚPIVOGUR

🄳 PAPEY

15 km südöstlich von Djúpivogur

Auf der größten der vorgelagerten Inseln lebten bis zum Jahr 900 irische Mönche; Ruinen aus der Zeit sind zu sehen sowie ein verlassener Hof. Papey ist zudem ein beliebtes Ziel zur Vogelbeobachtung. *Vor Ort nachfragen, welches Boot fährt | djupivogur.is/ Djupivogur/Nattura/Papey | ⌖ R8*

🄴 TEIGARHORN

4 km von Djúpivogur, 45 Min. zu Fuß, 15 Min. mit dem Auto

Das Naturschutzgebiet um den gleichnamigen Bauernhof Teigarhorn am Fuß der Basaltpyramide Búlandstin-

Nach dem Vorbild heimischer Vögel – nur größer: die Steineier von Djúpivogur

dur (1069 m) ist für besonders schöne Steine bekannt. Weltweit kennt man das Gebiet etwa als Fundstätte für Zeolithe. Faszinierend sind die Skolezithe, nadelige Kristalle aus radialstrahligen Büscheln. Im *Museum (Juni–Aug. 9–16 Uhr | Tel. 8 69 65 50 | teigarhorn. is)* kannst du schöne Exemplare bewundern; einfach hinfahren und schauen. ⌀ R7

NSIDER-TIPP
Der Stachel-stein

EGILSSTAÐIR

(⌀ R5) **Die vergleichsweise junge Stadt, erst 1944 gegründet, ist das Zentrum der Ostregion.**
Das staatliche Forstamt Islands hat hier ebenso seinen Sitz wie ein Jazzclub und das Kulturzentrum *Sláturhús (slaturhusid.is)*. Egilsstaðir ist ein geeigneter Ausgangspunkt für Ausflüge ins östliche Hochland oder zu den kleinen Küstenorten sowie zum See Lagarfljót (auch Lögurinn genannt) und zum Wald Hallormsstaður.

SIGHTSEEING

MINJASAFN AUSTURLANDS
Das *Regionalmuseum des Ostens* dokumentiert das Leben im Osten Islands von der Zeit der Besiedlung bis ins 19. Jh. Zwei permante Ausstellungen beschäftigen sich mit dem Landleben und den Rentieren, die nur hier vorkommen. *Juni–Aug. tgl. 10–18, Sept.–Mai Di–Fr 11–16 Uhr | Eintritt 1200 ISK | Laufskógar 1 | minjasafn.is*

ESSEN & TRINKEN

KAFFI NIELSEN
In dem gemütlichen Restaurant ist den ganzen Tag Betrieb. Bei Sonnenschein lockt die Terrasse des schönen Hauses. Geboten wird neue isländische Küche mit regionalen Zutaten, sehr gut! *7. Juni–31. Aug. Di–Sa 11.30–21 Uhr | Tjarnarbraut 1 | Tel. 4 71 20 01 | €€–€€€*

SPORT & SPASS

Wie wäre es mit einer ca. 68 km langen Radtour rund um den See Lagarfljót (s. u.)? Zugleich ein gutes Training für die alljährliche Tour im August. *Fahrradverleih: Egilsstaðastofa | Kaupvangur 17 (am Zeltplatz) | 3000 ISK pro Tag*

WELLNESS

VÖK BATH
In treibenden Pools gleitest du auf dem See Urriðavatn dahin. Das Wasser kommt (natürlich) aus warmen Quellen: ein ultimatives Badeerlebnis. Ein Bistro ist auch vorhanden. *Juni–Aug. 11–23 Uhr | Eintritt ab 5990 ISK | Egilsstaðir | Tel. 4 70 95 00 | vokbaths. is*

RUND UM EGILSSTAÐIR

5 LAGARFLJÓT
Rundweg 68 km, mit dem Rad

Der 3 km breite und etwa 30 km lange See wird von mehreren Gletscherflüssen gespeist und geht über in den Fluss Lagarfljót. Es heißt, auf seinem Grund lebe der große Seewurm Ormur. Am romantischen *Zeltplatz Atlavík (1500 ISK/Zelt | Tel. 4 70 20 70)* schläfst du unter Bäumen und kannst Waldspaziergänge machen. ⌁ Q–R 4–6

6 HALLORMSSTAÐUR ★

12 km südlich von Egilsstaðir, 20 Min. mit dem Auto

Ja, es gibt einen richtigen Wald in Island und der besteht aus über 100 Jahre alten Bäumen. Schöne Wege mit einigen Infotafeln führen hindurch. Aufgrund des guten Bodens und des fast schon kontinentalen Klimas haben die Nadel- und Laubbäume optimale Wachstumsbedingungen. ⌁ Q6

7 SKRIÐUKLAUSTUR

45 km südwestlich von Egilsstaðir, 1 Std. mit dem Auto

Das auffallend anders aussehende Haus baute sich 1939 der Schriftsteller Gunnar Gunnarsson. Das rund 1000 m² große Wohnhaus entwarf der deutsche Architekt Fritz Höger. Im 16. Jh. stand hier am Südwestufer des Lagarfljót ein Kloster. Das heutige *Kulturzentrum* beherbergt eine Ausstellung zu Gunnarsson sowie ein gutes Café. Die selbstgemachten Marmeladen sind ein Hit, besonders Rhabarber-Engelwurz. Draußen sind die Ausgrabungen des Klosters zu erkennen. *Juni–Aug. tgl. 10–18 Uhr (gilt auch für das Café) | Eintritt 1100 ISK | Tel. 4 71 29 90 | skriduklaustur.is |* ⌁ Q6

INSIDER-TIPP
Fruchtig-herb

8 KÁRAHNJÚKAR-STAUDAMM

100 km von Egilsstaðir, ca. 1¼ Std. mit dem Auto

Die gut ausgebaute Straße 910 führt zu einer Informationsplattform, von der aus man auf den Damm und den 57 km² großen Stausee Hálslón blicken kann. Nach zwei Drittel der Strecke kommst du zu einem Hot Pot mit Hütte. Von hieraus kannst du Wanderungen machen – eine richtige Oase. *laugarfell.is |* ⌁ O7

9 SEYÐISFJÖRÐUR

27 km östlich von Egilsstaðir, 30 Min. mit dem Auto

Wenn du mit der Fähre kommst, dann ist der malerische Ort dein erster Kontakt mit Island. Im 19. Jh. war hier die größte Handelsniederlassung des Landes; die gut erhaltenen Holzhäuser stammen aus dieser Zeit. Neben einem reichen Kulturangebot mit Museen und Sommerkonzerten stellt Seyðisfjörður einen guten Ausgangspunkt für Wanderungen in die Ostfjorde dar. Im Winter können der Fjord und die Berge allerdings bedrückend wirken. Vielleicht erinnerst du dich an die Miniserie „Trapped" von 2017? Die Hafenszenen wurde hier gedreht. Ein begehbares akustisches Kunstwerk hat der deutsche Künstler Lukas Kühne mit den fünf miteinander verbundenen Kuppelbauten (2–5 m im Durchmesser und 2–4 m hoch) geschaffen. Es heißt *Tvísöngur* und lädt zum Singen ein *(visitseydisfjordur.com/tvisongur).* ⌁ R5

INSIDER-TIPP
Singen in Kuppeln

Himmelblaue Kirche vor sattgrüner Wiese: typisch für das malerische Seyðisfjörður

🔟 BAKKAGERÐI

65 km nördlich von Egilsstaðir, 1 Std. mit dem Auto (Bergstraßen/Schotter)

Verborgen und geradezu verwunschen liegt der kleine Ort Bakkagerði umgeben von einer Berglandschaft mit farbenprächtigen Rhyolith- und Basaltbergen. Der kleine Hügel Álfaborg im Ort heißt auf deutsch „Elfenstadt". Hier wohnt die Elfenkönigin – ein Muss also für alle Elfenfreunde. Vogelliebhaber kommen auch auf ihre Kosten: Es macht viel Spaß, die munteren Papageitaucher zu beobachten, vor allem wenn du ihnen am Vogelfelsen so nahekommst. Du kannst sie fast anfassen, so dicht stehen sie vor dir und verschwinden plötzlich in ihren Bruthöhlen. Die beste Beobachtungszeit ist von Anfang Juni bis Mitte August. 📖 S4

INSIDER-TIPP
Mit Papageitauchern auf Du und Du

NORDOSTEN

130 km von Egilsstaðir bis Vopnafjördur, 3 Std. mit Auto (teils Schotter)

Ein wahrer Geheimtipp ist der äußerste Nordosten Islands mit der Ebene Melrakkaslétta und kleinen Küstenorten wie *Raufarhöfn (📖 O1)* oder *Vopnafjörður (📖 Q4)*. Einst waren das reiche Fischerorte, heute kämpft man ums Überleben. Hier triffst du nur wenige Touristen und hast die Küstenlandschaft oftmals ganz für dich allein. In den kleinen Orten gibt es aber ausreichend Unterkünfte und ein breites Angebot an Unternehmungen.

Die Steinbögen von *Arctic Henge* in Raufarhöfn sind merkwürdig und archaisch zugleich. 15 km von Vopnafjörður entfernt liegt im Selárdalur ein kleines, romantisches *Thermal-Schwimmbad (tgl. 7–23 Uhr | frei zugänglich | Tel. 4 73 14 99)* mit Kerzenlicht bei Mondschein und Nordlichtern.

DER NORDEN

STARKE HELDEN, SCHNELLE PFERDE

Liebst du Aktivitäten wie Hiking, Reiten, Skilaufen, Mountainbiking oder Rafting? Dazu raue Küsten, steile Berge und weite Lavalandschaften? Magst du Saga-Helden, Krimis und Geschichte? Möchtest du Robben, Wale und Enten sehen? Dann ist der Norden dein Gebiet.

Von den Nordwestfjorden bis ans Hochland erstreckt sich die abwechslungsreiche Region. Eine der geologisch und landschaftlich beeindruckendsten Gegenden ist das Mývatn-Gebiet mit seinen

Staunen und strampeln bei einer Mountainbike-Tour im Mývatn-Gebiet

zahlreichen Naturmonumenten. Die wichtigste Stadt des Nordens ist Akureyri, eine Mini-Metropole mit Kunst, Kultur und Skipisten. Interessant sind die zahlreichen historischen Stätten am Skagafjörður, wo sich in früheren Jahrhunderten wichtige Handelsorte und der zweite Bischofssitz Islands befanden. Aber Skagafjörður ist auch für seine Pferdehöfe und -züchter bekannt.

DER NORDEN

Grimsey **6**

Grænlandshaf

Siglufjörður

Ólafsfjörður

5 Hrísey

7 Drangey

Dalvík

82

10 Hofsós

Skagafjörður

Eyjafjörður

● **Sauðárkrókur**
S. 87

33 km, 30 Min.

9 Hólar ★

Akureyri
S. 84

8 Glaumbær

1

NORÐURLAND

MARCO POLO HIGHLIGHTS

★ **MÝVATN**
Nicht nur Enten lieben den See mit dem baumbestandenen Ufer ➤ S. 82

★ **DETTIFOSS**
Kleiner Bruder der Niagarafälle: der größte Wasserfall Islands ➤ S. 83

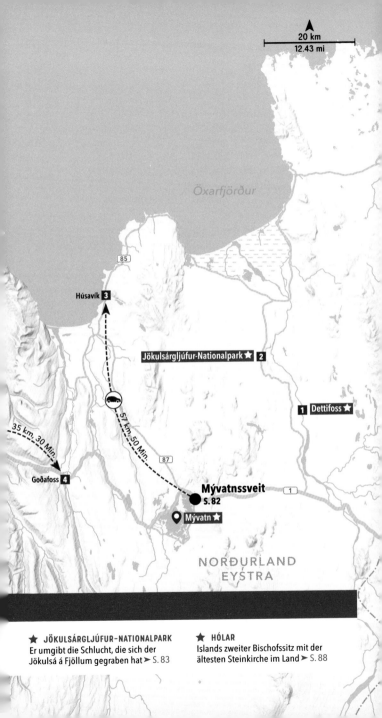

20 km
12.43 mi

Öxarfjörður

85

Húsavík **3**

Jökulsárgljúfur-Nationalpark ★ **2**

1 Dettifoss ★

57 km, 50 Min.

35 km, 30 Min.

Goðafoss **4**

87

Mývatnssveit
S. 82

1

Mývatn ★

NORÐURLAND
EYSTRA

★ **JÖKULSÁRGLJÚFUR-NATIONALPARK**
Er umgibt die Schlucht, die sich der
Jökulsá á Fjöllum gegraben hat ➤ S. 83

★ **HÓLAR**
Islands zweiter Bischofssitz mit der
ältesten Steinkirche im Land ➤ S. 88

MÝVATNS-SVEIT

(□ M-N 4) **Hier erlebst du, welche Traumlandschaften der Vulkanismus kreieren kann. Wen wundert es da noch, dass etliche Szenen von „Game of Thrones" rund um den „Mückensee" gedreht wurden.**

Das Gebiet, das in einer Ebene auf 230 m Höhe liegt, befindet sich genau auf der Riftzone, dem Grabenbruchsystem zwischen der nordamerikanischen und eurasischen Kontinentalplatte. Hier zischt und brodelt es; auf zu heißen Quellen und Vulkanen wie aus dem Bilderbuch!

SIGHTSEEING

NÁMASKARÐ ▶

Hinter dem Bergpass riechst du schon das Solfatarenfeld Námaskarð am Fuß des Námafjall. Es zischt, dampft, bro-

Die Schwefeldämpfe des Námaskarð zischen gen Himmel

delt und kocht aus zahllosen Öffnungen, die in den unterschiedlichsten Farben schimmern. Bis zu 100 °C heiß sind die Schlammbecken, vor allem die hellen Stellen können leicht einbrechen. Über Jahrhunderte wurde hier Schwefel für die Schießpulverherstellung abgebaut. □ N4

DIMMUBORGIR

Die Lavaformationen bilden eine fantastische Welt. Hier findest du Tunnel und Höhlen mit Namen wie *kirkjan* – „die Kirche". Die „dunklen Burgen", so die Übersetzung von Dimmuborgir, liegen in einer verwunschenen, geheimnisvollen Senke, in der die bizarren Lavagebilde stehen, teilweise vollständig überwachsen von Birken und Kriechgewächsen. Die Lavaskulpturen entstanden vor rund 2000 Jahren, als an dieser Stelle aus einem Lavasee die noch flüssige Lava abfloss. □ N4

HVERFELL

Aus den Dimmuborgir führt an der Nordseite ein markierter Weg zunächst durch Lava und anschließend über die Hverfellssandur zu dem großen und auffallenden Tuffring Hverfell. Er zählt zu den größten und schönsten Explosionskratern der Welt. Der Krater hat einen Durchmesser von 1 km und ist 140 m hoch. Das gesamte Gebiet steht unter Naturschutz. □ N4

MÝVATN ★

Der viertgrößte See Islands fasziniert wegen der Lavagebilde und der reichen Vegetation entlang seines Ufers. Vogelbeobachter, das ist euer Ziel. Neben anderen Vögeln brüten hier über 15 Entenarten in großen Populationen, begünstigt durch das gute Klima und die reiche Nahrung an Mücken(-larven), von denen der See seinen Namen hat. Sie sind zwar lästig, stechen aber nicht. Am Boden des maximal 5 m tiefen Sees entspringen zahlreiche Quellen.

Am Nordwestufer liegt das schöne *Museum Fuglasafn Sigurgeirs (Juni–Aug. tgl. 12–17, Sept.–Mai 14–16 Uhr | Eintritt 2200 ISK | fuglasafn.is)* mit ausgestopften Vögeln der Region. Nicht verstaubt, sondern modern präsentiert! Café mit Seeblick. 🗺 M–N4

ESSEN & TRINKEN

GAMLI BÆRINN

Der alte Bauernhof ist ein gemütliches Café, das viele anzieht. Es gibt Kuchen und kleine Gerichte mit regionalen Produkten wie Forellen. *Tgl. 11.30–23 Uhr | Reykjahlíð | Tel. 4 64 42 70 | € |* 🗺 N4

SPORT & SPASS

NORDLICHTER

Mývatns Landschaft ist verschneit eine Märchenwelt, deshalb lohnt sich auch eine Winterreise. Besonders toll sind die Nordlichter hier. *Geo Travel (geotravel.is)* hat ein umfangreiches Winterangebot von der Hundeschlittenbis zur Skitour.

WELLNESS

MÝVANT NATURE BATHS

Baden und träumen in türkisblauem, mineralhaltigem Wasser, umgeben von Lava – kaum einen schöneren Platz gibt es am Mývatn als die Lagune mit dem Naturbad. *Juni–21. Aug. tgl. 10–23 Uhr, 5900 ISK; 22. Aug.–Mai tgl. 12–22 Uhr, vorab buchen | Tel. 4 64 44 11 | myvatnnaturebaths.is*

RUND UM MÝVATNS- SVEIT

1 DETTIFOSS ★

Ca. 40 km nordöstlich von Mývatnssveit, 40 Min. mit dem Auto

Es ist der Wow-Wasserfall, mit seinen 44 m Fallhöhe ein kleiner Bruder der Niagarafälle. Die Wassermassen stammen vom Gletscherfluss Jökulsá á Fjöllum und stürzen auf einer Breite von 100 m hinab. Die Umgebung ist eingehüllt in eine Sprühregenwolke mit herrlichen Regenbögen. 🗺 N–O4

2 JÖKULSÁRGLJÚFUR-NATIONALPARK ★

40 km nordöstlich von Mývatnssveit, 45 Min. mit dem Auto

Der Nationalpark erstreckt sich vom Dettifoss über 30 km bis an die Straße 85 im Norden und ist heute Teil des großen Vatnajökull-Nationalparks. Beeindruckend ist der 25 km lange und bis zu 120 m tiefe Canyon Jökulsárgljúfur, in den mehrere Wasserfälle stürzen. Ein Wanderweg führt entlang dieser Schlucht bis in das rund 16 km entfernte Tal Vesturdalur, in dessen Nähe die Basaltformationen Hljóðaklettar, die „Echofelsen", liegen. Vom Vesturdalur ist es ein weiterer Tagesmarsch durch üppige Vegetation nach *Ásbyrgi (ꞏ N3)*, eine hufeisenförmige Schlucht mit bis zu 100 m steil aufragenden Felswänden, die dicht bewaldet ist. *Visitor Centre Glúfrastofa: in Ásbyrgi, am Zeltplatz | Tel. 4 70 71 00 | vjp.is | ꞏ N3-4*

◼ HÚSAVÍK

57 km nördlich von Mývatnssveit, 50 Min. mit dem Auto

Die Hauptattraktionen in diesem schön gelegenen Fischerort, sind das Walmuseum und die ✆ Walbeobachtungsfahrten mit restaurierten Eichenbooten *(North Sailing | Tel. 4 64 72 72 | northsailing.is)*. In der Ausstellung des Museums erhältst du umfassende Informationen über alle Walarten, die vor Islands Küsten leben. Außerdem gibt es lebensgroße Skelette der Meeressäuger zu sehen. Auch das Thema Walfang wird nicht ausgeklammert. *Juni-Aug. tgl. 9-18, April/Mai, Sept./ Okt. tgl. 10-17, Nov.-März Di-Sa 11- 16 Uhr | Eintritt 2200 ISK, Kinder frei | Hafnarstétt 1 | Tel. 4 14 28 00 | whale museum.is | ꞏ M3*

AKUREYRI

(ꞏ L4) **Akureyri, die „Perle des Nordens" wie die Bewohner sie nennen, liegt am Eyjafjörður am Fuß des Súlur (1144 m).**

Eine grüne Stadt mit zahllosen Bäumen und alten Villen, beschaulich einerseits und doch auch urban. Univer-

sitätstadt und Handelszentrum, außerdem eine Hochburg der Kunst mit entsprechenden Museen und Hochschulen. Es macht Spaß durch die Stadt zu laufen, vor allem der alte Teil mit gut erhaltenen Häusern lädt dazu ein.

SIGHTSEEING

HOF – KULTUR- UND KONFERENZZENTRUM

Es ist nicht nur eine architektonische Attraktion, sondern u. a. auch die *Touristeninformation (Mo-Fr 8-16 Uhr)*. Das runde Gebäude mit dem großzügigen Innenraum ist mit dunkelgrauen Basaltplatten verkleidet. Regelmäßige Ausstellungen finden statt sowie unterschiedliche Musik- und Theatervorstellungen. Ein gutes *Restaurant (€€)* mit Terrasse am Wasser gehört auch dazu. Neben Salaten, Pasta und Fisch gibt es auch Kuchen. *Strandgata 12 | Tel. 4 50 10 00 | menningarhus.is*

LISTASAFN IN DER LISTAGIL

2012 haben sich das Akureyri Kunstmuseum (Nr. 12), das Ketilhús und das Deiglan zum Zentrum für visuelle Kunst zusammengeschlossen. Nach einem Umbau 2017/18 bietet das Kunstmuseum noch mehr Platz für Ausstellungen zeitgenössischer, isländischer und internationaler Künstler. *Tgl. 12–17 Uhr; Deiglan nur bei Events geöffnet | Eintritt 1900 ISK | Kaupvangsstræti 10 | listak.is*

AKUREYRI KIRCHE

Ein markantes Gebäude, bei dem der Architekt Guðjón Samúelsson das Prinzip der Basaltsäulen aufgegriffen hat. Besonders hervorzuheben sind die 17 Kirchenfenster, auf denen auch Ereignisse aus der Geschichte des isländischen Christentums zu sehen sind. Ein Fenster ist 400 Jahre alt und stammt aus der Kathedrale von Coventry. *2. Juni–28. Aug. tgl. 10–16 Uhr | im Juli sonntags Konzerte*

BOTANISCHER GARTEN 🐦

Der botanische Garten und Stadtpark ist ein grünes Highlight der Stadt. Hier findest du die isländische Flora (rund 430 Arten) sowie viele Pflanzen aus dem arktischen Raum. Bänke und ein Café laden zum Rasten ein. Die Anlage mit altem Baumbestand zählt zu den schönsten Islands. Gegründet wurde der Park 1912 von Margrethe Schiöth. *Juni–Sept. Mo–Fr 8–22, Sa/So 9–22 Uhr | Eintritt frei | Eyrarlandsvegur | Lystigarðurinn | lystigardur.akureyri.is*

DAVÍÐSHÚS

Wie wohnte man in den Villen in den 1950er-Jahren? Das Haus des Schriftstellers Davíð Stefánsson (1895–1964) zeigt es dir. Die Wohnräume wirken wie eben verlassen, die Bibliothek zählt zu den wertvollsten Privatbibliotheken Islands. *Juni–Aug. Mo–Fr 13–17 Uhr | Eintritt 900 ISK | Bjarkarstígur 6*

ESSEN & TRINKEN

BAUTINN

Gutes Restaurant mit nostalgischer Atmosphäre und breitem Angebot; es hat fast schon Kultstatus. Neben Ge-

Walen aller Art kommt man bei den Beobachtungsfahrten vor Húsavík ganz nah

Nur 15 m hoch und dennoch imposant: der hufeisenförmige Goðafoss

richten von Wal und Pferd gibt es eine günstige Salatbar. *Tgl. 11–22 Uhr | Hafnarstræti 92 | Tel. 4 62 18 18 | €–€€*

BLÁA KANNAN
Das beliebte Café in der Einkaufsstraße fällt aufgrund der Farbe auf. Der ideale Treffpunkt, um kleine Gerichte und Kuchen zu essen. *Sommer tgl. 8.30–23.30, Winter Mo–Fr 9–23, Sa/So 10–23.30 Uhr | Hafnarstræti 96 | Tel. 4 61 46 00 | €*

SPORT & SPASS

Im *Skjaldarvík Guesthouse (rund 5 km nördl. von Akureyri an der 816 | Tel. 5 52 52 00 | skjaldarvik.is)* kannst du eine Reitstunde nehmen *(1 Std. 11 900 ISK)*, wenn du dich noch stärken willst, so gibst es für 15 900 ISK noch ein Abendessen. 🐵 Spezielle Reitstunden für Kinder gibt es auch *(5000 ISK)*.
Geführte Wanderungen in der Umgebung bietet *Ferðafélag Akureyrar*

(Strandgata 23 | Tel. 4 62 27 20 | ffa.is) an. Das größte Skigebiet Islands findest du in *Hlíðarfjall (Lift-Tagespass 5800, Skiverleih 1 Tag 5900 ISK, inkl. Helm und Stöcke)*, im Sommer verkehrt der Sessellift Fr–So, dann kannst du ein Fahrrad mitnehmen und dich den Hang hinunterstürzen. *Tel. 4 62 22 80 | hlidarfjall.is*

WELLNESS

AKUREYRI FREIBAD 🐵
Drei Rutschbahnen, ein großer Hot Tub mit Massagedüsen, ein Dampfbad, eine Sauna und sogar die Möglichkeit zum Sonnenbaden. Natürlich fehlen auch die Standards nicht: 25-m-Schwimmbecken sowie unterschiedlich temperierte Hot Pots. Mehr Badespaß geht wohl kaum. *Ganzjährig Mo–Fr 6.45–21, Sommer Sa/So 8–19.30, Winter Sa/So 9–19 Uhr | Eintritt 1100, Kinder (6–17 J.) 270 ISK | Þingvallastræti 21 | Tel. 4 61 44 55 | sundlaugar.is*

ÁRSKÓGSSANDI MIKROBRAUEREI

Bjórböðin, das Bierbad, erinnert an gute alte Zeiten, als Herrscher noch in Milch und Honig badeten oder eben in Bierschaum. Ob allein oder in Gesellschaft, ein 25-minütiges Bad in warmem Bier mit anschließender Ruhepause ist Wellness pur und zugleich das ultimative Biervergnügen. *Bierbad 19 900 ISK/2 Pers. | Ægisgata 31 (33 km nördl. von Akureyri) | Tel. 4 14 28 28 | bjorbodin.is*

INSIDER-TIPP
Dem Bierschaum entstiegen

AUSGEHEN & FEIERN

GRÆNI HATTURINN

Livemusik aus Island und das gleich mehrmals im Monat. Der Ort im Norden, wo du nette Leute triffst: lustig, laut, erlebnisreich. *Geöffnet bei Events (s. Homepage) | Hafnarstræti 96 | Tel. 4 61 46 46 | graenihatturinn.is*

RUND UM AKUREYRI

◢ GOÐAFOSS

35 km östlich von Akureyri, 30 Min. mit dem Auto

Der donnernde Wasserfall Goðafoss mit seinen breiten, hufeisenförmigen Kaskaden ist schon beeindruckend. Seinen Namen „Götterfall" erhielt er im Jahr 1000, als etliche Isländer nach Annahme des Christentums alte Götterstatuen ins Wasser warfen. *⌑ M4*

◪ HRÍSEY

35 km nördlich von Akureyri, 30 Min. mit dem Auto plus 15 Min. Fähre

Eine kleine Insel ohne Autos, mitten im Eyjafjörður, mit schönen Wegen und einem vielfältigen Vogelleben. Du tauchst ein in ein Lummerland mit Hügeln und Klippen. *Tgl. mit der Fähre von Árskógssandur | hin und zurück 1700 ISK | hrisey.is | ⌑ K3*

INSIDER-TIPP
Allein im Fjord

◫ GRÍMSEY

41 km nördlich vom Festland

20 Minuten dauert der Flug zum nördlichsten Punkt Islands, der Insel Grímsey auf dem Polarkreis (66° 30' Nord). Jeder Besucher erhält auf Wunsch eine Urkunde, die den Aufenthalt bescheinigt. Schöne Wanderwege führen um die Insel, die ein Paradies für Vogelfreunde ist. Die über 100 m hohen Steilklippen werden von etwa 30 Seevogelarten bewohnt. *Norlandair | 22 500 ISK | Tel. 4 14 69 60 | norlandair. is*

Von Dalvík gibt es auch eine preiswertere Variante mit dem Schiff. *So/Mo, Mi-Fr | eine Fahrt 3 Std. | hin/zurück 8000 ISK | Tel. 4 58 89 70 | saefari.is | ⌑ L1*

SAUÐÁRKRÓKUR

(⌑ H4) **Möchtest du wissen, wie weit der Sagaheld Grettir geschwommen ist? Rund um Sauðár-**

krókur erfährst du es. Von hier aus kannst ideal die Umgebung erkunden, wandern und entspannen.

Das Pferdedenkmal am Ortseingang zeigt, dass du im Reich der Pferde bist. Der alte Ortkern hat noch schöne Häuser entlang der Aðalgata. Der Ort liegt auf der Halbinsel Skagi, Startpunkt für Wanderungen auf den Tindastóll.

ESSEN & TRINKEN

HARD WOK CAFÉ

Allein die stilvolle Einrichtung lohnt den Besuch. Natürlich steht der Wok im Zentrum, aber es gibt auch andere kleine Gerichte wie Sandwiches oder Suppen. *Juni–Aug. tgl. 11.30–21.30 Uhr | Aðalgata 8 | €–€€*

RUND UM SAUÐÁR-KRÓKUR

🟦 DRANGEY

16 km nördlich von Sauðárkrókur, 20 Min. mit dem Auto

Mitten im Fjord Skagafjörður liegt die rund 200 m steil aufragende Tuffinsel Drangey. Hier hat Grettir die letzten drei Jahre seines Lebens verbracht. Der Sagaheld soll vom ehemaligen Hof Reykir zur Insel geschwommen sein. Heute nisten hier zahlreiche Vögel, z. B. Trottellummen, deren Bestände sich wieder erholt haben. In Zeiten des Hungers (v. a. 18./19. Jh.) hatten die Menschen die Vögel gejagt und auch ihre

Nester ausgeraubt. In einem Frühjahr sollen bis zu 200 000 Vögel getötet worden sein. Infos zur Überfahrt im Restaurant und Zeltplatz *Reykir (Abfahrt Juni–Aug. tgl. 10 Uhr | 14 900 ISK | Tel. 8 21 00 90 | drangey.net)*. In Reykir kannst du in der warmen Quelle *Grettislaug (Eintritt 1000 ISK | mit Umkleidemöglichkeit)* baden. 🔲 H3

🟦 GLAUMBÆR

15 km südlich von Sauðárkrókur, 20 Min. mit dem Auto

Dieser Grassoden-Hof stammt aus dem 18. Jh. und zählt sicher zu den meist fotografierten. Bis Anfang des 20. Jh. sah ländliches Wohnen auf großen Höfen in Island so aus. Jetzt ist es ein schnuckeliges Museum – aber hier wirklich wohnen? *20. Mai–20. Sept. tgl. 10–18 Uhr | Eintritt 1700 ISK | glaumbaer.is | 🔲 J4*

🟦 HÓLAR ★

18 km südlich von Sauðárkrókur, 20 Min. mit dem Auto

Inmitten des landschaftlich einladenden Tals Hjaltadalur liegt der ehemalige Bischofssitz Hólar. Ein geschichtsträchtiger Ort, 1106 gegründet, mit zahlreichen interessanten Stätten und einer der ältesten Steinkirchen des Landes. Seit Jahrhunderten ist er auch ein Bildungszentrum, hier befand sich Islands erste Druckerei (1530).

Heute ist hier eine Fachhochschule für Pferdezucht und Tourismus sowie für die Bereiche Aquakultur und Fischbiologie. Im alten Schulgebäude befindet sich eine Ausstellung zur Geschichte des Islandpferds und in einem Nebengebäude ein Süßwas-

In Glaumbær bieten Grassodenhäuser Schutz vor Islands Wetter

seraquarium. *Zentrum des Islandpferdes: Juni–Aug. Di–So 10–18 Uhr | Eintritt 1000 ISK; Domkirche und Nýibær: Sommer tgl. 10–18 Uhr | auch Führungen | Eintritt frei | ▢ J4*

⑩ HOFSÓS

33 km nordöstlich von Sauðárkrókur, 30 Min. mit dem Auto

Der kleine Ort wirkt etwas verschlafen, doch im 19. Jh. tummelten sich hier Tausende von Isländer, die sehnsuchtsvoll darauf warteten, in die neue Welt aufzubrechen. Hofsós war damals ein wichtiger Handelsort mit einem entsprechend großen Hafen. Einige Träume der Auswanderer erfüllten sich in Amerika und Kanada, doch die meisten zerplatzten. Von diesen Schicksalen und dem neuen Leben der Emigranten erzählt das *Isländische Emigrationszentrum (Juni–Aug. tgl. 11–18 Uhr | Eintritt 1500 ISK | hofsos.is).* Doch Hofsós bietet noch eine weitere Attraktion: ein wunderschön am Meer gelegenes *Schwimmbad (tgl. 22–24 Uhr | Eintritt 4900 ISK | nur nach* *Anmeldung Tel. 8672216).* Abends verzaubert es seine Besucher mit Musik, mit Sonne in Sommernächten, im Winter mit Nordlichtern und **hüllt sie dank der** speziellen Floating-Ausrüstung ein in „Infinity Blue" – unendliches Blau. ▢ J3

INSIDER-TIPP
Völlig losgelöst im unendlichen Blau

SCHÖNER SCHLAFEN IM NORDEN

AUSGEFALLENE KUNST

Die Treppe führt aus dem *Safnasafnið Apartment* direkt in das Museum für Folklore und Outsider Art, eine Sammlung aus Kunst und Kuriosa. Auch die kleine Wohnung beherbergt kleine, feine Stücke. Der Blick schweift nach Akureyri, aber wer braucht schon die Stadt, wenn man hier so viel entdecken kann? *Mitte Mai–Ende Aug. | Mindestaufenthalt 2 Nächte | Svalbarðströnd | Tel. 4614066 | safnasafnid.is/ibud | €€€*

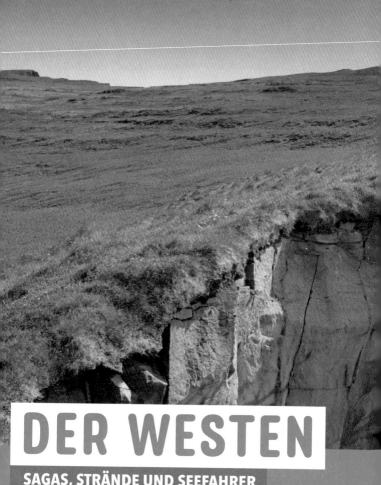

DER WESTEN

SAGAS, STRÄNDE UND SEEFAHRER

Drei Regionen, wie sie wohl faszinierender nicht sein können, bestimmen den Westen. Zunächst das Gebiet von Borgarnes bis zum Langjökull – mit Landwirtschaft, warmen Quellen und Schauplätzen, die an den Sagahelden Egill Skallagrímsson erinnern.

Weiter nördlich liegt die Halbinsel Snæfellsnes mit dem geheimnisvollen Gletscher Snæfellsjökull an ihrem westlichen Ende. In früheren Jahrhunderten gab es hier zahlreiche Fischerplätze, heute liegen

Hier solltest du schwindelfrei sein: Steilküste Látrabjarg

lediglich an der Nordküste noch einige Orte, von denen Stykkishólmur der wichtigste ist. Im äußersten Nordwesten ragt die Tatze der
Westfjorde ins Meer, eine einzigartige Landschaft von rauer Schönheit und Einsamkeit, ideal für Abenteurer und Wanderer. Trotz ver-
besserter Infrastruktur wandern hier immer noch Bewohner ab. In
dieser Einsamkeit sagen sich buchstäblich die Polarfüchse „Gute
Nacht".

DER WESTEN

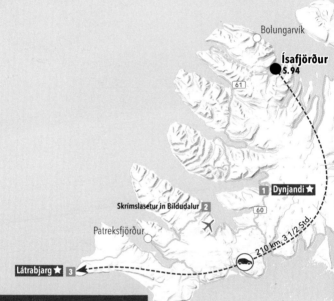

Bolungarvík

Ísafjörður
S. 94

61

1 Dynjandi ★

Skrímslasetur in Bíldudalur **2**

60

Patreksfjörður

210 km, 3 1/2 Std.

Látrabjarg ★ 3

6 Flatey

MARCO POLO HIGHLIGHTS

★ **DYNJANDI**
Islands schönster Wasserfall liegt
küstennah ➤ S. 94

★ **LÁTRABJARG**
Die westlichste Klippe des Landes mit
Tausenden von Seevögeln
➤ S. 95

★ **NATIONALPARK SNÆFELLSJÖKULL**
Der berühmte Gletscher mit seiner
beinahe magischen Aura
➤ S. 97

Stykkishólmur
S. 96

Grundarfjörður

Ólafsvík

5 Nationalpark Snæfellsjökull ★

A T L A N T S H A F

Grænlandshaf

4 Hornstrandir

Húnaflói

VESTFIRÐIR

[61]

Hrútafjörður

Blönduós

[1]

[68]

[60]

NORÐURLAND
VESTRA

7 Eiríksstaðir

85 km, 1 1/2 Std

[1]

VESTURLAND

Hraunfossar **10** **11** Húsafell

Deildartunguhver **9**

Borg á Mýrum **8**

Borgarnes
S. 98

37 km, 45 Min

20 km
12.43 mi

ÍSAFJÖRÐUR

(▭ C3) **Schon der erste Siedler Helgi Hrólfsson war von der Lage beeindruckt: geschützt und reich an Fischen. Bis heute spielt die Fischindustrie eine wichtige Rolle im größten Ort der Westfjorde. Im alten Teil der Stadt gibt es ganze Straßenzüge mit niedlichen, kleinen Häusern, den Kapitänshäusern.** Ein Fischerdenkmal am Friedhof erinnert an ertrunkene Seeleute. Ein weiteres Zeichen der Meeresverbundenheit ist der Torbogen aus Walknochen am Park. Für Reisende ist Ísafjörður der ideale Ausgangsort in die Westfjorde.

SIGHTSEEING

BYGGÐASAFN VESTFJARÐA – STADTMUSEUM DER WESTFJORDE

Das Museum in einem ehemaligen Lagerhaus aus dem 18. Jh. führt dich mitten in die Stadt- und Seefahrtsge-

INSIDER-TIPP
Der Seemann spielt auf

schichte. Alles war einfach und ärmlich damals. Das Musikinstrument für Shantys findest du gleich in vielfachen Varianten – das Akkordeon. Eine typisch isländische Privatsammlung, sehr speziell. *Juni–Aug. tgl. 10–17 Uhr | Eintritt 1300 ISK | Neðstakaupstaður | nedsti.is*

ESSEN & TRINKEN

TJÖRUHÚSIÐ

Fisch vom Besten und vom Feinsten – das Restaurant ist bekannt für sein Fischbuffet. Du sitzt auf Bänken an langen Tischen – das passt in das alte „Teerhaus", so die Übersetzung. Abends unbedingt reservieren! *Tgl. 12–14, 19–22 Uhr | Neðstikaupstaður | Tel. 4 56 44 19 | €–€€*

SPORT & SPASS

VESTURFERÐIR / WEST TOURS

Alles, was Spaß macht, wird für dich organisiert oder ist eh schon geboten: Exkursionen in die Region, Kajaktouren, Wanderungen, Ausritte. *Aðalstræti 7 | Tel. 4 56 51 11 | westtours.is*

RUND UM ÍSAFJÖRÐUR

1 DYNJANDI ★ ⚑

80 km südlich von Ísafjörður, 1 ¼ Std. mit dem Auto u. a. Berg- und Schotterstraßen

1, 2, 3, … ganze sechs Fallstufen stürzt das Wasser hinab. Jede hat ihren Zauber, doch die mächtigste fällt hunderte Meter herab, ein weißer Wasserschleier, der oben 30 m und unten 60 m breit ist. Zurecht heißt der Wasserfall „der Donnernde". Er ist der schönste Wasserfall des Landes – frag jeden Isländer – und ein geschütztes Naturmonument. *▭ C4*

2 SKRÍMSLASETUR IN BÍLDUDALUR 🐒

120 km südlich von Ísafjörður, 2 Std. mit dem Auto u. a. Berg- und Schotterstraßen

In Kaskaden stürzt Islands schönster
Wasserfall zu Tal: der Dynjandi

Island hat mehr Wesen zu bieten als nur Elfen, denn es gibt sie, die Seeungeheuer. Und mancher hat sie auch schon gesehen! In zwei Räumen, verdunkelt und gespenstisch dekoriert, führt das Museum in die Geheimnisse der Monster Islands ein. Augenzeugen berichten von ihren Begegnungen. Nach dieser „Begegnung" kannst du dich im Café stärken. Außerdem findest du hier Kunsthandwerk und Köstlichkeiten aus der Region, z. B. aus dem Salzwerk bei Reykjanes. *Mitte Mai–Mitte Sept. tgl. 10–18 Uhr | Eintritt 1000 ISK | Strandgata 7 | Tel. 4 56 66 66 | skrimsli.is | ▢ B4*

INSIDER-TIPP
Salz mit Thymian

🗟 LÁTRABJARG ⭐

*210 km südwestlich von Ísafjörður,
3 ½ Std. mit dem Auto*

Der westlichste Punkt Islands, und damit auch Europas, ist der Leuchtturm Bjargtangar. Er steht auf der 14 km langen Steilküste Látrabjarg, die an ihrem höchsten Punkt über 440 m senkrecht abfällt. Tausende von Seevögeln nisten in den Klippen, neben Papageitauchern auch eine riesige Kolonie von Tordalken. Ein Wanderweg führt zu dem malerischen Strand Rauðasandur mit seinem gelblichroten Muschelsand. ▢ A4

🗟 HORNSTRANDIR

*Tagestour oder nur Bootsfahrt von
Ísafjörður*

Dramatische Landschaft, steile Vogelklippen und viele, kleine Fjorde – das 580 km² große Areal im äußersten Norden ist ein Wanderparadies. Ver-

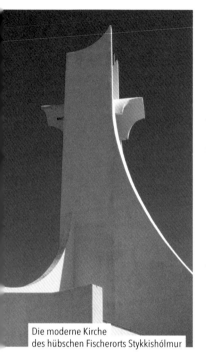

Die moderne Kirche
des hübschen Fischerorts Stykkishólmur

Im 16. Jh. gehörte er neben Ísafjördur, Rif, Arnarstapi und Flatey zu den Handelsplätzen der deutschen Hanse.

Die Bewohner sind stolz auf ihre gut erhaltenen alten Häuser, die dem Ort seinen besonderen Charme geben. Von Stykkishólmur aus bringt dich die Fähre „Baldur" an die Südküste der Westfjorde.

SIGHTSEEING

VATNASAFN ☂

Die „Wasserbibliothek" ist eine Installation der US-amerikanischen Künstlerin Roni Horn: 24 Glassäulen hat sie mit Wasser von Islands Gletschern gefüllt, das je nach Lichteinfall in vielen Farben schimmern. *Im Museum Norska Húsið erhältst du einen Code für die Tür | Bókhlöðustigur 17 | libraryofwater.is*

SÚGANDISEY

Die kleine Insel ist mit der Stadt verbunden und schützt den Hafen. Die vielen kuscheligen Mulden sowie der gute Blick auf die Inselwelt im Breiðafjörður locken Verliebte an.

lassene Höfe und eine durch nun fehlende Schafe wiedererblühte, artenreiche Flora. Füchse streichen ums Zelt und beobachten jeden Schritt. Ein magischer Ort und eines der schönsten Naturschutzgebiete Islands. Informationen und Touren: *West Tours (Tel. 4 56 51 11 | westtours.is).* ⊡ C–D 1–2

STYKKIS-HÓLMUR

(⊡ C–D6) **Die hübsche Stadt mit der markanten, modernen Kirche hat eine lange Traditon als Fischereiort.**

ESSEN & TRINKEN

SJAVARPAKKHUSID

Frisch gefangen und schon zubereitet, so soll Fisch serviert werden. Das sehenswerte, über 100 Jahre alte Haus steht direkt am Hafen; entsprechend gut kann man beim Essen das Treiben dort beobachten. Außer Fisch sind auch die Muscheln sehr zu empfehlen. Zum Nachtisch unbedingt den *skyr* (s. S. 29) probieren! *Tgl. 18–23 Uhr | Hafnargata*

2 | Tel. 4 38 18 00 | sjavarpakkhusid.is | €€–€€€

NARFEYRARSTOFA

Im Erdgeschoss des schönen alten Hauses ist ein gemütliches Café *(€)* untergebracht und in der ersten Etage das Restaurant *(€€)*. Lokale Produkte (auch Bier) gibt es genussvoll zubereitet. *Tgl. 12–22 Uhr | Aðalgata 3 | Tel. 5 33 11 19 | narfeyrarstofa.is*

WELLNESS

SUNDLAUG

Modernes Bad mit Schwimmbecken, Rutsche und Hot Pots, doch das Besondere ist das Wasser. Es hat einen pH-Wert von 8,45 und eine mineralische Zusammensetzung, die den Thermen in Baden-Baden entspricht, ideal bei Psoriasis und anderen Hauterkrankungen – oder einfach nur entspannend. Einige Isländer nehmen das Heilwasser in Flaschen mit nach Hause. *Juni–Aug. Mo–Do 7.05–22, Fr 7.05–19, Sa/So 10–18, Sept.–Mai Mo–Fr 7.05–22, Sa/So 10–17 Uhr | Eintritt 900 ISK | Borgarbraut 4 | Tel. 4 33 81 50*

RUND UM STYKKISHÓLMUR

5 NATIONALPARK SNÆFELLSJÖKULL ★
Eingang 82 km westlich von Stykkishólmur, Küstentour mit Auto 2–6 Std.

Im Zentrum des 167 km² großen Nationalparks erhebt sich der 1446 m hohe Vulkankegel Snæfellsjökull. Von dem Berg und seiner Umgebung sollen besondere Energien ausgehen. Doch auch die Küste zu Füßen des Vulkans ist bezaubernd: Ganz im Süden ragen die Felstürme Lóndrangar aus dem Meer empor, bewohnt von tausenden Seevögeln; im Westen liegt die Bucht Dritvík, einst eine wichtige Fischfangstation, heute sind nur einige Ruinen zu sehen. Der schwarze Lavakieselstrand von Djúpalónssandur ist allein schon eine Attraktion. *B6–7*

6 FLATEY
37 km nördlich von Stykkishólmur im Breiðafjörður

Fast keine Autos, alte, gepflegte Häuser und so friedlich, als sei man aus der Welt gefallen. Noch bis ins 19. Jh. war die Insel im Breiðafjörður ein kulturelles Zentrum. Berühmt wurde Flatey durch die Handschrift „Flateyarbók" vom Ende des 14. Jhs., in der unter anderem Leifur Eiríkssons Amerikafahrt beschrieben ist.

Heute wohnen nur noch wenige Familien ganzjährig auf der Insel, die meisten kommen wie die Seevögel nur in der Sommersaison. Die kleine Kirche ist ein Hit wegen ihrer Deckenbemalung. Täglich fährt die Fähre „Baldur" Flatey sowohl von der Nordwestküste als auch von Stykkishólmur aus an. Auskunft und Tickets bei *Seatours (seatours.is).* *C5*

INSIDER-TIPP
Jesus im Islandpullover über dem Altar

7 EIRÍKSSTAÐIR

*85 km östlich von Stykkishólmur,
1 ½ Std. mit dem Auto*

Tritt ein, aber pass auf deinen Kopf auf: So oder so ähnlich sah es in den Langhäusern vor 1000 Jahren aus. Hier kam der Sohn von Eirík dem Roten auf die Welt: Leifur Eiríksson. In mittelalterlicher Kleidung laden die Guides in das Haus und erzählen von alten Zeiten. *20. Juni–Sept. 10–16 Uhr | Eintritt 2500 ISK, Kinder bis 12 J. frei | an der Straße 586 | leif.is |* ⌑ *E6*

BORGARNES

(⌑ E8) **Saga-Fans, das ist euer Ort! Der erste Siedler war Skallagrímur Kveldúlfsson, Vater des berühmten Skalden Egill Skallagrímsson, dem Helden der „Egils saga Skallagrímssonar". Dass Kveldúlfsson seine letzte Ruhestätte wirklich in Borgarnes fand, haben archäologische Funde allerdings bisher nicht belegt, aber wen interessiert das schon...**

Borganes, 1867 gegründet, ist das wirtschaftliche Zentrum Westislands und vor allem für die Verarbeitung landwirtschaftlicher Produkte wichtig. Das heiße Wasser der Stadt stammt aus der größten Heißwasserquelle Islands, Deildartunguhver, 33 km entfernt. Das Stadtbild wirkt trotz der schönen Lage nüchtern – sein Reiz liegt eben vor allem darin, dass man in der Umgebung auf die Spuren der berühmten „Egils saga" stößt.

DIE WIKINGER

Raue Gesellen sollen es gewesen sein, die mordend, raubend und brandschatzend durch die Welt zogen. Diese Vorstellung lässt sich auf die isländischen Wikinger nicht übertragen. Es waren freie Bauern aus Norwegen, die sich nicht unter die Herrschaft König Haraldurs begeben wollten. Auf der Suche nach geeignetem Siedlungsland kamen sie auf die Insel. Flóki Vilgerðarson machte sich schon 865 auf und siedelte an der Nordwestküste. Er gab der Insel auch ihren Namen, „Eisland", weil er zwei Winter wegen des Treibeises gezwungen war, hierzubleiben. Trotz dieser nicht gerade werbewirksamen Bezeichnung sprach sich die Kunde von dem neuen Land schnell herum, und ab 874 erfolgte die sukzessive Besiedlung.

Der Westen war ein begehrtes Siedlungsgebiet mit ausreichendem Weideland und guten Fischgründen. Hier lebten einige sehr reiche Bauern und Goden (s. S. 53). Auch einige der bekanntesten Sagas sind in dieser Region angesiedelt: Die Egils saga, die Laxdæla saga und auch die über Erik den Roten nehmen hier ihren Ausgang. So überrascht es nicht, dass man an vielen Orten im Westen Hinweise auf die Sagahelden, die isländischen Wikinger, findet.

Das wortwörtlich sagenhafte Panorama von Borgarnes

SIGHTSEEING

SKALLAGRÍMSGARÐUR

Mitten im Ort liegt dieser schöne Park. Hier soll sich der Grabhügel von Egills Vater Skallagrímur Kvéldúlfsson, dem ersten hiesigen Siedler befinden. Er wurde nach Wikingerart mit Pferd und Waffen bestattet. Ein Relief daneben zeigt Egill, wie er seinen ertrunkenen Sohn Böðvar trägt, den er der Sage nach ebenfalls in diesem Grabhügel bestattet hat.

LANDNÁMSSETUR 👥

Hier startest du mit deiner Egill-Tour. In dem Museum gibt es zwei Ausstellungen, eine zur Besiedlung Islands vor allem in der Region um Borgarnes und die andere zur „Egils saga" selbst mit hervorragendem modernem Lichtdesign und guter Computeranimation. *Tgl. 10–17 Uhr | Eintritt für beide Ausstellungen 3000, Kinder* *6–12 J. 1000 ISK | Brákarbraut 13–15 | landnam.is*

ESSEN & TRINKEN

BÚÐARKLETTUR

In einem alten Packhaus, direkt am Besiedlungsmuseum, befindet sich das gemütliche Restaurant mit guter, regionaler Küche. *Tgl. 11.30–21 Uhr | Brákarbraut 13–15 | Tel. 4 37 16 00 | €€*

SPORT & SPASS

HVÍTÁTRAVEL

Gruppenführung auf den Spuren von Egill (auf Englisch). *Juni–Aug. | 1,5-Std.-Tour 4200 ISK | Treffpunkt am Museum Landnámssetur (s. li.) | Tel. 6 61 71 73*

ESJA TRAVEL

Ein etwas anderes Islanderlebnis für alle Strick- und Wollfreundinnen:

Herbstliches Hraunfossar: kristallklares Wasser und kunterbuntes Laub

INSIDER-TIPP
Kuschelig und warm

Der 4-tägige Strickkurs in kleiner Gruppe geht vom Schaf zum Schal. Ausflüge zu Schaffarmen und zur Wollverarbeitung gehören auch dazu. *esjatravel.is*

RUND UM BORGARNES

8 BORG Á MÝRUM
4 km nördlich von Borgarnes,
10 Min. mit dem Auto, 1 Std. zu Fuß
Hier hatte Skallagrímur Kvéldúlfsson seinen Hof, auf dem Egill geboren wurde. Vor der Kirche verbildlicht die Skulptur „Snorratorrek" von Ásmundur Sveinsson Egills Klagelied über den Tod seines Sohnes Böðvar. Ein

geradezu meditativer Platz voller Ruhe und Weite. *E8*

9 DEILDARTUNGUHVER
37 km östlich von Borgarnes, 45 Min.
mit dem Auto
Es ist die größte Heizwasserquelle Islands mit 180 l pro Sekunde. Das 100° C heiße Wasser versorgt u. a. Borganes sowie die zahlreichen Gewächshäuser der Umgebung. Die Verteilerstation steht direkt neben der Quelle.
Im *Wellnessbad Krauma (tgl. 11–21 Uhr | Eintritt 4900 ISK | Tel. 5556066 | krauma.is)* im Reykholtsdalur badet und entspannt man im Wasser der Deildartunguhver-Quelle. Die sechs verschieden großen Wasserbecken sind unterschiedlich temperiert, der Clou ist das Kaltwasserbecken (5–8 °C) – da kommt der Kreislauf wieder in Schwung! *F7*

Wochenende aus. Das Freizeitangebot ist hoch und von hier kommst du gut ins Hochland. In früheren Zeiten war der ursprüngliche Hof Húsafell ein wichtiger Versorgungsplatz für Reisende zwischen Nord und Süd. In der Nähe des alten Pfarrhofs liegen mehrere Felsen und Lavasteine, in die Gesichter gemeißelt wurden. Der Künstler Páll Guðmundsson lebt vor

INSIDER-TIPP
Steinköpfe

Ort – sein Atelier ist der Turm – und je nach Laune, zeigt er dir auch seine anderen Arbeiten. Weitere seiner Werke kannst du im *Hotel Húsafell* finden.

Abgesehen von einem gemütlichen Bad im Schwimmbad vor Ort gibt es einen aufregenden Ausflug zu einem neuen Naturpool inmitten der Lavalandschaft zu den *Húsafell Canyon Baths (ganzjährig | 9900 ISK, Führung, Transport und Handtuch inbegriffen | husafell.com/activities/husafell-canon-baths).* ⟋ F7

⏚ HRAUNFOSSAR

55 km östlich von Borgarnes, 50 Min. mit dem Auto

Zahlreiche Wasserfälle, die sogenannten „Lavafälle", stürzen unmittelbar aus der Lava Hallmundarhraun auf einer Breite von 1 km hinab. Das kristallklare Wasser vereint sich mit dem milchigen Gletscherwasser des Flusses Hvítá. Ein ganz besonders schöner Anblick im September, wenn die Vegetation in allen Herbstfarben leuchtet. ⟋ F–G7

INSIDER-TIPP
Buntes Laub auf den Lavafällen

⏛ HÚSAFELL

68 km westlich von Borgarnes, 1 Std. mit dem Auto

Geschützt gelegen mit vielen Bäumen und Wanderwegen, so sehen Lieblingsplätze der Isländer für das

SCHÖNER SCHLAFEN IM WESTEN

MEERBLICK IN DER EINSAMKEIT

In *Hornbjargsviti (*⟋ *D1)* kannst du den Traum vom einsamen Leuchtturmwächter leben und im Haus des Leuchtturms von Hornstrandir übernachten. Schlicht, einfach und draußen siehst du die blühenden Wiesen und das Meer. Die nächste Unterkunft? 60 km Luftlinie entfernt... *fi.is* | €

DAS HOCHLAND

50 SHADES OF GREY – LAVA UND SCHOTTER

Hier hausen Elfen und Outlaws, Trolle und Riesen verstecken sich hinter Felsbrocken oder in grünen Oasen, spielen mit den Bergen wie mit Bauklötzen, werfen sie in die weiten Ebenen. Das unbewohnte Hochland ist die ursprünglichste und beeindruckendste Landschaft Islands, geformt von Vulkanismus und Eis. Aus den graubraunen Lava- und Schotterwüsten, betupft von bunten Pflanzenkissen, ragen die Gletscher Hofsjökull und Langjökull sowie Tafelberge wie die Herðubreið empor.

Im Land der heißen Quellen und bunten Steine: Landmannalaugar

Jahrhundertelang waren die Hochlandstrecken die wichtigsten Verbindungen zwischen Norden und Süden, doch jeder war froh, wenn er seinen Hof erreichte. Die Ritte waren nicht ungefährlich, denn zahlreiche Geächtete hatten sich in das unwirtliche, menschenfeindliche Hochland zurückgezogen und überlebten dort als Wegelagerer. Der Name der großen Lavawüste Ódáðahraun, „Verbrecherlava", weist darauf hin. Heute ist das Hochland eine Herausforderung für Geländewagen, Mountainbiker, Wanderer und Abenteurer.

DAS HOCHLAND

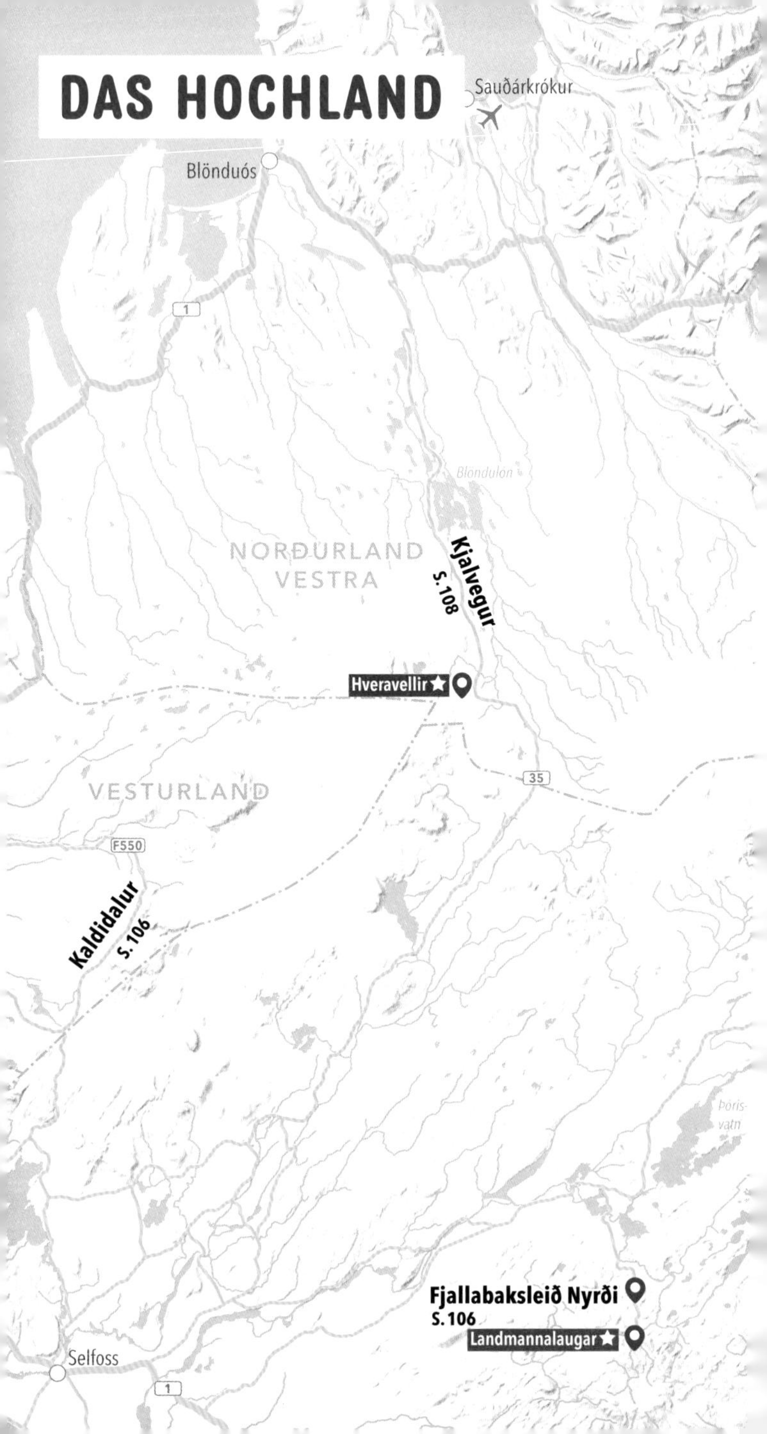

Sauðárkrókur

Blönduós

1

Blöndulón

NORÐURLAND
VESTRA

Kjalvegur
S. 108

Hveravellir ★ 📍

VESTURLAND

35

F550

Kaldidalur
S. 106

Þóris-
vatn

Fjallabaksleið Nyrði 📍
S. 106

Landmannalaugar ★ 📍

Selfoss

1

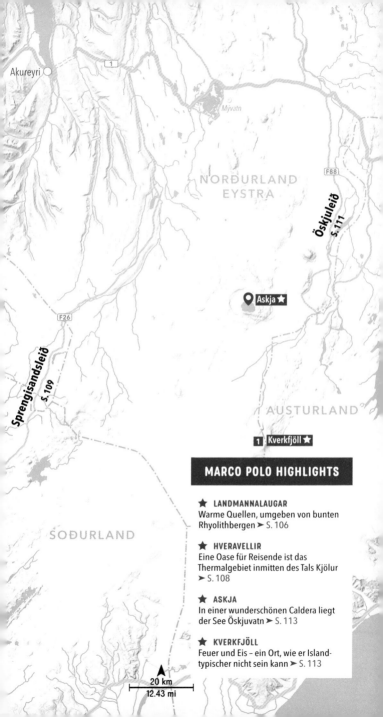

Akureyri

Mývatn

NORÐURLAND
EYSTRA

F88

Öskjuleið S. 111

Sprengisandsleið S. 109

F26

● Askja ★

AUSTURLAND

1 Kverkfjöll ★

SUÐURLAND

MARCO POLO HIGHLIGHTS

★ LANDMANNALAUGAR
Warme Quellen, umgeben von bunten
Rhyolithbergen ➤ S. 106

★ HVERAVELLIR
Eine Oase für Reisende ist das
Thermalgebiet inmitten des Tals Kjölur
➤ S. 108

★ ASKJA
In einer wunderschönen Caldera liegt
der See Öskjuvatn ➤ S. 113

★ KVERKFJÖLL
Feuer und Eis – ein Ort, wie er Island-
typischer nicht sein kann ➤ S. 113

20 km
12.43 mi

FJALLABAKS-LEIÐ NYRÐI

Der „nördliche Pfad hinter den Bergen" verläuft in West-Ost-Richtung und ist seit jeher eine wichtige Verbindung.

Die etwa 84 km lange Piste F 208 beginnt im Nordwesten beim Kraftwerk Sigalda am See *Hrauneyalón* (*□ J9*) und endet im Südosten bei *Búland* (*□ K11*), wo sie auf die Straße 208 stößt. Alternativ kannst du im Westen 47 km dem südlicher verlaufenden *Landmannaleið* (Piste F 225) folgen. Teilweise erreicht die Piste eine Höhe von 500 bis 1000 m und führt durch eine Landschaft von bizarrer Schönheit. Das nördlich des Vulkans Hekla liegende Lavafeld *Sölvahraun* mit seinen Spalten und Kratern, bedeckt von schwarzer Asche, vermittelt einen endzeitlichen Eindruck.

Östlich der Hekla-Laven schließt Islands größtes Rhyolithgebiet an, das etwa 400 km² bedeckt. Rhyolith ist ein kieselsäurehaltiges Ergussgestein von rötlicher bis grünlicher Färbung.

von farbenprächtigen Rhyolithbergen. Je nach Sonnenstand und Luftfeuchtigkeit leuchten die Berge in den schillerndsten Farben. Vom Bláhnúkur (943 m) – seinen Namen hat er von dem blaugrünen Gestein – blickt man auf die Laugahraun. Der riesige Obsidianstrom wirkt mit seinen schwarzen, bis zu 40 m hohen Lavaskulpturen wie ein Labyrinth. *□ J10*

ELDGJÁ

Die „Feuerschlucht", so die Übersetzung, erstreckt sich über 40 km vom Berg Uxatíndar bis zum Rand des Gletschers Mýrdalsjökull im Südwesten. Besonders beeindruckend ist sie am Berg Gjátindur (935 m): 5 km lang, über 200 m tief und bis zu 600 m breit. Rund 5000 Jahre sind die ältesten Laven hier und immer neue Schichten und Ströme kamen dazu. Einige dieser Lavaströme flossen bis zur Sanderebene Mýrdalssandur in Südisland. Der südwestliche Teil der Eldgjá besteht aus einer Kraterreihe. Eine archaische Urlandschaft, fremdartig und verzaubernd zugleich. *□ K10*

SIGHTSEEING

LANDMANNALAUGAR ★

Kaum ein Ort in Island wird so sehr mit Badespaß in einer heißen Quelle gleichgesetzt wie Landmannalaugar. In den „warmen Quellen der Leute vom Land" erholten sich in früheren Jahrhunderten die Bauern von den Strapazen des Schafabtriebs. Umgeben ist die beliebteste „Badewanne"

KALDIDALUR

(*□ F–G 7–8*) **Die Piste 550, Kaldidalsvegur, ist nur 40 km lang und führt von Húsafell (s. S. 101) zur Straße Nr. 52 nach Þingvellir, vorbei an den beiden Gletschern Langjökull und Þórisjökull im Osten und dem 1198 m hohen Berg Ok im Westen. So zwischen Eis be-**

grenzt erhielt der Weg auch seinen Namen: Kaldidalur („kaltes Tal"). Doch erreicht man auf der Fahrt schon mal eine Höhe von 700 m. Es sind die Ausblicke auf die Gletscher in Verbindung mit einigen markanten Bergen, wie dem *Prestahnúkur* (1069 m), die den Reiz der Piste ausmachen. Prestahnúkur besteht aus grünlichem Rhyolithgestein.

SIGHTSEEING

LAVAHÖHLEN

Die Lavahöhle *Surtshellir* bei Húsafell ist mit 1,6 km Länge die größte des Landes. Im 10. Jh. lebten in ihr Menschen. Wie die Höhle *Stefánshellir* liegt sie in der Lava *Hallmundarhraun*, die nördlich des Orts an der Straße Nr. 518 zu finden ist. Die Piste dorthin ist mit einem Pkw befahrbar. Die Strecke ist ausgeschildert, ein Parkplatz

vorhanden. Jeder kann in die Höhle, aber eine Lampe und entsprechende Wanderschuhe sind hilfreich. Im Winter mit Schnee ist es zwar ein tolles Erlebnis, aber schwieriger zu begehen. Das ultimative Höhlenerlebnis hast du mit einer Tour, die dich in die wahren Tiefen und Untiefen führt. Es geht in die Lavahöhle *Víðgelmir*, deren unterschiedlichen Farben und Felsformationen eine Traumwelt bilden. *Fljótstunga | ab 1 ½ Std. | 7000, Kinder (7–15 J.) 3800 ISK | thecave.is | ⌁ G7*

LANGJÖKULL

Der zweitgrößte Gletscher öffnet sein Innerstes. Ein künstlicher Tunnel leitet ins Eis, wo du die Eisschichten und die Innenwelt der Eiskappe siehst *(ab Húsafell ca. 4 Std. | 22 200 ISK).* Du kannst auch Eis- und Lavahöhle verbinden. Das große Eisabenteuer be-

Beliebte Badewanne zum Planschen: die warmen Quellen Landmannalaugar

steht aus der Combo von Eistunnel und Schneemobilfahrt *(ab Húsafell 3–4 Std. | ab 34 990 ISK)* auf dem Gletscher. *intotheglacier.is*

Von der Ostseite des Langjökulls geht

es mit den *Mountaineers of Iceland* aufs Eis. Seit Winter 2018 gibt es ein neues Highlight: eine spektakuläre blaue Eishöhle. Die Kombitour aus Höhlenbesuch und Schneemobilfahrt findet ganzjährig statt. *Infos: Köllunarklettsvegur 2 | 104 Reykjavík | Basiscamp: Skálpanes an der F 336 | 31000 ISK | Tel. 5 80 99 00 | mountaineers.is | 🗺 G–H 7–8*

KJALVEGUR

Die beeindruckende Hochlandstrecke Kjalvegur (Piste 35; für Mietwagen nicht erlaubt) führt vom *Gullfoss* im Süden (🗺 H9) 165 km in den Norden bis zum Kraftwerk Blanda oberhalb des Sees *Blöndulón* (🗺 H6).

Die alte Strecke führte quasi von einem Bischofssitz zum anderen und Þingvellir ist auch nicht weit. Der landschaftlich schönste Teil der Strecke verläuft durch das Tal *Kjölur*, eine fast 700 m hoch gelegene Kies- und Lavawüstenei zwischen den Gletschern Langjökull und Hofsjökull. So sicher und gemütlich heute ein Fahrt hier ist, so dramatisch konnte es früher sein. Ursprünglich verlief die Strecke weiter westlich durch das Kjalhraun, aber aufgrund eines Unglücks 1780 verlegte man sie.

Vier Menschen, 180 Schafe und 16 Pferde kamen bei einem Schneesturm um. Zahlreiche Tierknochen liegen noch heute am Hügel *Beinahóll*, den

du über eine Piste erreichen kannst. In der ungeheuren Weite dieser Kieswüste bietet sich kilometerweit kein Schutz vor dem Wetter.

SIGHTSEEING

KERLINGARFJÖLL

Der Name Kerlingarfjöll bedeutet „Weibsberge", denn es heißt, dass eine der Felszinnen eine versteinerte Trollfrau sei. Weithin erkennbar ragt das farbige Rhyolithgebirge aus der Ebene des Kjölur empor. Die höchsten Gipfel Snækollur (1477 m), Loðmundur (1432 m) und Mænir (1355 m) sind zum Teil vergletschert. In einigen der vielfarbig schimmernden Täler bieten zahlreiche Solfataren ein dampfendes und zischendes Schauspiel. Hier erlebst du Island en miniature: Feuer und Eis in unmittelbarer Nachbarschaft. Nach der Wanderung kannst du dich im Hot Pot am Fluss wieder erholen. 🗺 J8

HVERAVELLIR ★

Wie froh waren die Reiter, als sie endlich Hveravellir mit seinen heißen Quellen erreichten. Inmitten des Kjölur und am Nordrand des Kjalhraun liegt das Thermalgebiet. Die Reisenden im Mittelalter schätzten das Bad in den warmen Quellen, die sie auch zum Kochen nutzten. Rund 20 Quellen blubbern und brodeln hier, einige

Wie von einem anderen Stern: Bláhver, die „blaue Quelle", in Hveravellir

von faszinierender Schönheit. Bláhver, die „blaue Quelle" hat ein 7 m großes Becken mit Sinterablagerungen und türkis- bis aquamarinblauem Wasser. Das klare Wasser der Fagrihver, der „schönen Quelle", schimmert türkis. Den Hot Pot findest du bei einer der Hütten, denn auch heute schätzen Reisende das wärmende Bad. ⌂ J7

EYVINDARHELLIR
Der wohl berühmteste Geächtete Islands, Fjalla Eyvindur, lebte mit seiner Frau Halla einige Zeit in Hveravellir. Ihre Lavahöhle Eyvindarhellir im nahen Lavafeld Kjalhraun kann man noch sehen. Es heißt, dass sie ihr Fleisch, das von geraubten Schafen stammte, zum Kochen direkt in das Quellwasser des nahe gelegenen Eyvindarhver tauchten. 20 Jahre überlebten sie so im Hochland. *Wanderung auf markiertem Weg von Hveravellir aus 1 Std.* | ⌂ J7

SPORT & SPASS

Mit Rucksack, Zelt, guten Wanderkarten und Verpflegung für mehrere Tage beginnt das Abenteuer „Wandern im Hochland": Einsamkeit, spannende Wege, Waten durch Flüsse und Natur pur. Zahlreiche Berge rufen, selbst Gletscher kann man queren. Zeltplätze sind oftmals frei; die ideale Einsteigerwanderung (s. S. 118, Erlebnistour 2)!

SPRENGI-SANDSLEID

Die 250 km lange Piste **Sprengisandsleið (F 26)** verläuft vom Tal *Þjórsárdalur* im Süden (⌂ H–J9) bis zum Hof *Mýri* im Norden (⌂ M5). Die öde Steinwüste Sprengisandur im mittleren Streckenabschnitt ist

geprägt von den beiden Gletschern Vatnajökull und Hofsjökull.

Die größte Steinwüste Islands erstreckt sich vom Hofsjökull bis zum Tungnafellsjökull und in Nord-Süd-Richtung über 70 km. Nur einzeln stehende Berge säumen die Piste bis nach Nýidalur, so der Þveralda (728 m), von dem man einen guten Blick auf die Rhyolithberge Hágöngur hat. Als kleine Farbtupfer in dieser fast grenzenlosen braungrauen Weite leuchtet das pinkfarbene Stengellose Leimkraut.

Diese alte Nord-Süd-Route wurde im Mittelalter vor allem vom Bischof von Skálholt auf seinem Weg nach Ostisland benutzt. Im 18. und 19. Jh. entdeckte man sie als Weg durch das Land wieder neu, aber ihr haftete immer etwas Unheimliches an, zumal der nördliche Teil direkt an der Wüste Ódáðahraun vorbeiführt. Der Name, der auch als Bezeichnung für die Piste verwendet wird, wird erst seit dem 18. Jh. benutzt. Im Mittelalter hieß sie einfach Sandur. Die Bezeichnung *sprengir* leitet sich vom Verb *sprengja* (abhetzen) ab. Sprengisandur war nicht nur wegen seiner Sandstürme und Wegelagerer gefürchtet, sondern weil die einzelnen Weidegebiete weiter als einen Tagesritt auseinander lagen. Entsprechend versuchte jeder Reiter, diese doch noch bis zum Abend zu erreichen.

SIGHTSEEING

STÖNG 🐖

Einst war es ein großer Hof sowie 20 weitere Gehöfte im fruchtbaren Þjórsárdalur. Doch bei dem Hekla-Ausbruch 1104 wurde das ehemals sehr fruchtbare Gebiet durch die niederfallende Bimssteinasche verwüstet. Heu-

Der Wasserfall Aldeyjarfoss stürzt malerisch in die 20 m tiefe Schlucht

te stehen hier nur noch zwei Höfe, aber dennoch grünt es wieder. Stöng hat man im 20. Jh. ausgegraben. Die Ruine ist überdacht und kann jederzeit besichtigt werden. ⌖ H9

HOFSJÖKULL

Der drittgrößte Gletscher des Landes bedeckt 995 km². Sein weithin sichtbarer weißer Schild ist bis zu 1760 m hoch. So friedlich er auch scheint, so schlummert unter seinem Gipfel doch ein Vulkan. Am Südostrand des Gletschers liegt das Naturschutzgebiet *Þjórsárver*, ein Feuchtgebiet mit typischer Moorvegetation, Seen und Tümpeln. Es ist ein bevorzugtes Brutgebiet der Kurzschnabelgänse, rund 11 000 Paare brüten hier. ⌖ J–K7

NÝIDALUR

Dieses Tal an der Südseite des Gletschers Tungnafellsjökull liegt über 800 m hoch und ist überraschend grün, wahrscheinlich der höchste Punkt im Land mit blühenden Wiesen. Von hier kannst du gut die Umgebung erkunden. So liegt zum Beispiel südlich des Tungnafellsjökull am Berg Eggja (1271 m) eine geothermische Zone. ⌖ L7

ALDEYJARFOSS

Den Endpunkt des Sprengisandsleið bildet der malerische Wasserfall Aldeyjarfoss, wo der Fluss Skálfandafljót 20 m tief in eine enge, aus schön ausgeformten Basaltsäulen bestehende Schlucht stürzt. Diese 4500 Jahre alten Säulen stammen von einem Ausbruch des Schildvulkans Trölladyngja am Nordrand des Vatnajökull. ⌖ M5

ÖSKJULEIÐ

(⌖ O4–6) **Der Weg ins Paradies führt durch die Hölle, sagt man: Zumindest für diese Piste (F 88) trifft das zu, sie führt durch ⚑ Ódáðahraun.**

Allein der Name verbreitet schon Furcht und Schrecken – Missetäterwüste. Was erwartet einen? Zunächst eine über 4550 km² große Lavawüste, die sich zwischen den Flüssen Skálfandafljót und Jökulsá á Fjöllum erstreckt. Ódáðahraun ist die größte zusammenhängende Lavafläche Islands. 5000 Jahre alte Lava, Sand, Schotter und einige monolithisch aufragende Tafelberge prägen ihr Gesicht: schwarz und abschreckend, trostlos und trocken. In dem porösen Vulkangestein

SUPERJEEPS

Geländewagen in Island überraschen wegen ihres Aussehens: Ausgestattet mit Reifen bis zu 44 Zoll und entsprechender Karosserieverbreiterung gleichen die Fahrzeuge Ungetümen. Doch wenn du selber über die Hochlandpisten fährst, würdest du sicher gern deinen Mietwagen gegen so einen Superjeep eintauschen. Geradezu leichtfüßig fährt er über die Lava, Steine und Unebenheiten hinweg. Seine Vorzüge erweisen sich vor allem im Winter, wenn die dicken Reifen über den Schnee hinweggleiten. Diese kannst du auf einem Ausflug mit etlichen Tourenanbietern kennenlernen.

Durch Schmelzwasser ist diese Höhle in der Gletscherzunge Kverkjökull entstanden

versickern Niederschläge so schnell, dass keine Pflanze die Feuchtigkeit nutzen kann. Nur an den Rändern der Lavawüste, wo das Grundwasser in kleinen Quellen austritt, bilden sich grüne, fruchtbare Oasen wie *Herðubreiðarlindir.* Öskjuleið führt 88 km bis an den Nordrand des Vatnajökull zu der berühmten Caldera Askja.

SIGHTSEEING

HERÐUBREIÐARLINDIR

Üppiges Grün und über 100 höhere Pflanzenarten sind in dieser Oase zu sehen, die ihr Wasser vom Fluss Lindaá bezieht. Seit 1974 ist Herðubreiðarfriðland ein Naturschutzgebiet, das jetzt Teil des Vatnajökull-Nationalparks ist. Nach diesem Schauspiel in Grau eröffnet sich ein grünes Paradies. Nach der Stille der Lavawüste fällt das lebhafte Vogelgezwitscher auf. 30 Vogelarten, unter denen die Schneeammer am häufigsten ist, leben hier inmitten der Pflanzen und Insekten. Auch der Gesetzlose Fjalla Eyvindur wusste die Oase als Schutz zu schätzen. Er verbrachte hier einen harten Winter. Seine kleine Höhle ist noch zu sehen.

Herðubreiðarlindir hat seinen Namen von dem alles überragenden Berg Herðubreið (1682 m). Seine wunderschöne Form erhielt er beim Ausbruchs in der letzten Eiszeit unter dem 1000 m dicken Eispanzer. Wie eine Pagode ragt er empor. Wegen der lockeren Gesteinsmassen ist der Aufstieg beschwerlich, doch der Ausblick ist überwältigend. Von der Oase führt ein Weg in Richtung Berg durch eine

Lava im Detail

reizvolle Lavalandschaft, besonders gut ausgeprägt ist die Stricklava mit ihrer typischen Strickform. ⌻ 06

ASKJA ★

Inmitten des Gebirgsmassivs Dyngjufjöll, eines typischen Zentralvulkans, der seit Hunderttausenden von Jahren aktiv ist, liegt dieses Naturmonument: die Caldera Askja mit dem strahlend blauen See Öskjuvatn. Sie entstand vor rund 6000 Jahren und ist ein fast kreisförmiger Einsturzkessel mit einem Durchmesser von 8 km. Ihre Ränder fallen teilweise sehr steil ab. Natürlich hat es seinen Reiz dort inmitten eines Vulkans zu wandern. Wo sonst kann man das schon?

Den besten Überblick über die Askja hast du vom *Þorvaldstindur* (1510 m) am Südrand der Dyngjufjöll. Der See *Öskjuvatn* mit seinen 217 m Tiefe bildete sich bei einem gewaltigen Ausbruch 1875. Die Asche begrub damals 16 Höfe und 10 000 km^2 Land unter sich. In der Tiefe des Sees schlummert ein Geheimnis. Was passierte hier 1907? Damals verschwanden der Geologe Walther von Knebel und der Maler Max Rudolff bei einer Erkundungsfahrt auf dem See. Niemand weiß es, niemand hat die Leichen gefunden.

Am Nordrand des Öskjuvatn liegt der Kratersee *Víti* mit seinem milchigen, grünblauen Wasser. Mutige steigen hinab, um darin zu baden. Ein übler Geruch steigt vom Wasser auf, da ist selbst die wohlig warme Temperatur nicht mehr so einladend. ⌻ N6

HÓLUHRAUN

Das ist die zweitjüngste Lava Islands. Von August 2014 bis Februar 2015 spuckte die Bárðarbunga am Nordwestrand des Vatnajökull das Material aus. Rund 85 km^2 ist das scharfkantige Lavafeld groß. Auf ausgewiesenen Wegen kannst du darin herumlaufen. ⌻ N7

RUND UM ÖSKJULEIÐ

❶ KVERKFJÖLL ★

45 km südlich der Askja, 1 ½–2 Std. mit dem Auto auf Jeep-Pisten

Das Gebirge am Nordrand des Vatnajökull ist ein Vulkanmassiv mit einer eisgefüllten Caldera. Durch eine Öffnung schiebt sich die Gletscherzunge Kverkjökull. An der Westseite des Gebirges liegt eines von Islands größten geothermischen Gebieten: Hveradalur. Hier bilden sich immer wieder faszinierende Eishöhlen und -tunnel unterhalb des Gletschers. ⌻ N8

ERLEBNIS TOUREN

Lust, die Besonderheiten der Region zu entdecken? Dann sind die Erlebnistouren genau das Richtige für dich! Ganz einfach wird es mit der MARCO POLO Touren-App: Die Tour über den QR-Code aufs Smartphone laden – und auch offline die perfekte Orientierung haben.

❶ DER GOLDENE ZIRKEL: NATUR, KULTUR UND VIEL GESCHICHTE

- ➤ Tauchen zwischen den Kontinentalplatten
- ➤ Im Sprühnebel der heißen Springquellen
- ➤ Naschen von den Gewächshausfrüchten

📍 Reykjavík	🏁 Reykjavík
⟳ 280 km	🚗 3 Tage, reine Fahrzeit 7 Stunden
ℹ️ Kosten: 900 Euro/2 Personen	
Im Sommer Hotels vorab buchen, Wetterberichte hören *(vedur.is)*, Tauchen vorab buchen *(adventure.is)*	

Lieber im Trockenen genießen: den Gulfoss-Wasserfall

ZUM NOBELPREISTRÄGER UND IN DEN NATIONALPARK

Vierspurig geht es auf der Straße Nr. 1 von ❶ Reykjavík ➤ S. 38 *in Richtung Norden bis Mosfellsbær.* Nichts als Häuser und große Geschäfte, der Übergang zum nächsten Ort ist fließend. Nach so viel bebauter Fläche kannst du endlich *am Ortsausgang auf die Nr. 36, den Þingvallavegur, abbiegen:* landwirtschaftliche Flächen mit Wiesen, Bauernhöfen und Pferden. Nach wenigen Kilometern erreichst du das ehemalige Wohnhaus des Literaturnobelpreisträgers Halldór Laxness, ❷ Gljúfrasteinn *(Juni–Aug. tgl. 10–17 Uhr | gljufrasteinn.is).* Hier lebte er mit seiner Familie seit 1945 und manchmal steht auch sein weißer Jaguar vor der Tür. Das Haus steckt voller Geschichten, von ihm und über ihn. Wenn du auf der Hochebene Mosfellsheiði bist, kannst du den größten See Islands, ❸ Þingvallavatn ➤ S. 53, schon sehen, an dem der Nationalpark ❹ Þingvellir ➤ S. 53 liegt. Vom Aussichtspunkt Hakið am Informationszentrum blickst du weit ins Hochland mit markanten Vulkanen und Gletschern. Zahlreiche markierte Wege führen von hier zum Lögberg, durch die Almannagjá und weiter zum Öxará-Wasserfall. Auf dem Weg siehst du auch die alten Hinrichtungsstätten.

TAG 1	
❶ **Reykjavík**	
21 km	20 Min.
❷ **Gljúfrasteinn**	
20 km	15 Min.
❸ **Þingvallavatn**	
11 km	25 Min.
❹ **Þingvellir**	
32,5 km	2 ½ Std.

Ein ganz besonderes Erlebnis ist ein Ausflug in die Tiefe: Schnorcheln oder tauchen in der Felsspalte Silfra ➤ S. 53 zwischen den Kontinentalplatten.

VORBEI AN SOMMERHÄUSERN IN DIE LAVAHÖHLEN

Die weitere Fahrt führt zunächst durch Buschwald in Seenähe. Da, wo Bäume stehen, gibt es auch Sommerhäuser, Þingvallavatn ist ein äußerst beliebter Platz. *Die Straße Nr. 365 führt nach Laugarvatn.* Sie verläuft durch eine wunderschöne Lavalandschaft, es sind die Ausläufer eines alten Schildvulkans. *Auf halber Strecke* geht es zu den beiden Höhlen ❺ Laugarvatnshellir, die noch Anfang des 20. Jhs. bewohnt wurden! Spannende Geschichten erfährst du bei einer Höhlenführung *(thecavepeople.is).* Der Ort ❻ Laugarvatn ist während der Sommermonate ein beliebtes Wochenendziel der Reykjavíker mit seinen Waldgebieten und zahlreichen Ferienhäusern. Die heißen Quellen werden vor allem für die Versorgung von Gewächshäusern genutzt und natürlich für Hot Pots. Die Golden Circle Apartments *(goldencircleapartments.is)* liegen nahe am See. Der ideale Platz, um zu relaxen, sind die herrlichen Hot Pots der Spa-Anlage Fontana *(fontana.is).* Hier erhälst du 10 % Rabatt, wenn du deinen Apartmentschlüssel zeigst!

❺ **Laugarvatnshellir**

9,5 km   15 Min.

❻ **Laugarvatn**

INS REICH DER GEYSIRE

Bei den nächsten Zielen dreht sich alles um Wasser, besonders um das sprudelnde heiße Wasser. *Über die Nr. 37 und die Nr. 35 erreichst du das Geysir-Thermalgebiet Haukadalur.* Schon von Weitem erkennst du die Fontäne des Geysirs ❼ Strokkur ➤ S. 61. Der Besuch ist ein großes Vergnügen. Je nach Windrichtung musst du aufpassen, wo du stehst, ansonsten bist du vom Sprühwasser des Geysirs eingehüllt. Dann hilft nur schnell wegspringen.

Der nächste Stopp ist am beeindruckenden Wasserfall ❽ Gullfoss ➤ S. 61. Mehrere Wege führen in die Nähe der Kaskaden. Oben läufst du auf Holz und für die Wasserfreunde gibt es im unteren Bereich rutschige Wege zum Sprühnebel. *Danach zurück nach Geysir und weiter nach Süden.* In dem kleinen Ort ❾ Reykholt ➤ S. 60

INSIDER-TIPP
Leckere Früchtchen – günstig & gut

siehst du zahlreiche Gewächshäuser, beheizt von heißem Wasser, dessen Dampf immer wieder aus dem Boden aufsteigt. Achte auf die Hinweise an der Straße, wo man Tomaten und Erdbeeren aus eigener Ernte kaufen kann! Nach so viel Naturgewalt gibt es zur Abwechslung einen Abstecher in die Geschichte. *Der Abzweig zur Nr. 31 bringt dich* zum Bischofssitz ❿ Skálholt, dem kulturellen Zentrum Islands vom Mittelalter bis ins 19. Jh. Gönn dir im Schulgebäude eine süße Stärkung mit selbst gebackenem Kuchen. *Zurück auf der Nr. 35 geht es gen Süden. Nach 18 km liegt links der 3000 Jahre alte, 55 m tiefe* und nun wassergefüllte Explosionskrater ⓫ Kerið. *Danach fährst du auf der Nr. 35 wenige Kilometer zurück* zu deiner gemütlichen Unterkunft ⓬ Cottages Minniborgir *(minniborgir.is)*. Hier lässt du den Tag ausklingen – mit einem Bad im Hot Pot und einem Abendessen mit lokalen Zutaten.

ERSTER SIEDLER UND ALLES ÜBER ERDWÄRME

Kurz bevor du auf die Ringstraße nach Reykjavík stößt, machst du einen kurzen Stopp in ⓭ Fjallstún am Fuß des Ingólfsfjall, hier soll der erste Siedler auf Island, Ingólfur Arnarson, einen seiner ersten Winter verbracht

TAG 2	
30 km	50 Min.
❼ **Strokkur**	
10,5 km	15 Min.
❽ **Gullfoss**	
28 km	30 Min.
❾ **Reykholt**	
8,5 km	10 Min.
❿ **Skálholt**	
23,5 km	20 Min.
⓫ **Kerið**	
8 km	7 Min.
⓬ **Cottages Minniborgir**	
TAG 3	
9 km	10 Min.
⓭ **Fjallstún**	
14 km	10 Min.

⑭ Hveragerði

19,5 km 15 Min.

⑮ Hellisheiði

32 km 30 Min.

① Reykjavík

haben. Einen weiteren Halt in ⑭ Hveragerði ➤ S. 58 nutzt du für den Besuch des geothermischen Feldes, einer Wellness-Behandlung oder einer Wanderung zu heißen Quellen. Die Ausstellung im Einkaufszentrum zeigt die Folgen des Erdbebens 2008. Im geothermischen Kraftwerk ⑮ Hellisheiði *(tgl. 9–17 Uhr | on.is)* erfährst du gebündelt, wie die Erdwärme genutzt wird und alles über die Region mit ihrer Geschichte und ihren Geschichten, *danach geht es zurück nach* ① Reykjavík ➤ S. 38.

❷ KJALVEGUR: DIE SCHUHE GESCHNÜRT UND DEN RUCKSACK GESCHULTERT

➤ Herrliche Ausblicke auf Gletscher und Gebirgszüge
➤ Am Gletscher entlang und auf den Gletscher hinauf
➤ Hot Pot für müde Wanderer am Ende der Tour

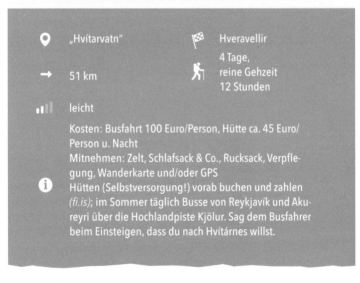

📍 „Hvítarvatn"

➜ 51 km

🚩 Hveravellir

4 Tage, reine Gehzeit 12 Stunden

📶 leicht

Kosten: Busfahrt 100 Euro/Person, Hütte ca. 45 Euro/Person u. Nacht
Mitnehmen: Zelt, Schlafsack & Co., Rucksack, Verpflegung, Wanderkarte und/oder GPS
ℹ Hütten (Selbstversorgung!) vorab buchen und zahlen *(fi.is)*; im Sommer täglich Busse von Reykjavík und Akureyri über die Hochlandpiste Kjölur. Sag dem Busfahrer beim Einsteigen, dass du nach Hvítárnes willst.

TAG 1

① „Hvítarvatn"

SCHÖNER GLETSCHERBLICK AUF DER HÜTTE
Deine Wanderung beginnt am Schild ① „Hvítarvatn" an der Piste Kjölur. *Hier steigst du aus dem Bus und*

Warmes Wasser in wilder Landschaft: Hot Pot in Hveravellir

folgst der Piste bis zur ❷ Hütte Hvítárnes. Die Hütte mit dem roten Dach liegt am See Hvítárvatn am Ostrand des Langjökull. Heute ist der Weg dorthin überbrückt, doch 1930, als die Hütte gebaut wurde, musste das ganze Material mit Packpferden transportiert werden. Der Blick auf den Gletscher Nyrðriskriðjökull ist faszinierend. Gut kannst du erkennen wie stark er sich zurückgezogen hat. Direkt neben der Hütte sind noch die Ruinen eines Hofs zu sehen, der wahrscheinlich bei dem Hekla-Ausbruch 1104 zerstört wurde. Die üppige Vegetation lockt Singvögel und der See Enten und Gänse an.

8,5 km 2 Std.

❷ Hütte Hvítárnes

REICHE VEGETATION AUF HÜGELN UND BERGEN
Am Morgen orientierst du dich zunächst an den Steinwarten östlich der Hütte, die den alten Kjalvegur ➤ S. 108 markieren. *Du folgst ihnen in nordöstlicher Richtung am Fluss Fúlakvísl entlang.* Wieder überrascht die reiche Vegetation um die Tuffhügel

TAG 2

5,5 km 1 Std. 20 Min.

③ Hrefnubuðir – sogar Birken auf immerhin 400 bis 500 m Höhe stehen hier. Mach einfach Pausen und lass den Blick schweifen: da ragt der Tafelberg Hrútfell (1410 m) empor, im Osten siehst du den Gebirgszug Kerlingarfjöll ➤ S. 108. *Nachdem du das Sumpfgebiet Þverbrekknaver erreicht hast, führt eine Brücke über den Fluss*, und Sticks leiten dich zur Hütte **④ Þverbrekknamúli**. Schöne Zeltplätze an kleinen Bächen findest du unweit der Hütte. Wie wäre es mit einer Tagestour auf den Gletscher? Das Ziel ist die 15 km entfernte Felsformation Fjallkirkja auf dem Langjökull – super Fernblick inklusive.

③ Hrefnubuðir	
10 km 2 ½ Std.	
④ Þverbrekknamúli	
7 km 1 ½ Std.	
⑤ Hlaupin	
TAG 3	
5,5 km 1 Std. 20 Min.	
⑥ Þjófadalir	
TAG 4	
14,5 km 3 ½ Std.	
⑦ Hveravellir	

IM „TAL DER DIEBE"

Für die weitere Strecke geht es zunächst zurück zur Brücke und dann den alten Kjalvegur entlang. Heute wirst du keine Bäche oder Flüsse queren, deswegen nimm dir reichlich Wasser mit. Übrigens: das isländische Wasser frisch geschöpft ist ausgezeichnet. Der Weg verläuft zunächst *parallel zum kleinen Fluss Fúlakvísl*, der hier in einer engen Schlucht fließt. Im weiteren Verlauf wanderst du *östlich des Hügels Múli* und kommst dann zur Schlucht **⑤ Hlaupin**. Durch diese Lavaspalte tost wieder der Fúlakvísl. Für die weitere Strecke orientierst du dich *in Richtung Norden* am Berg Þjófafell (960 m). Endlich wieder erreichbares Wasser, der Bach Þjófadalaá mit seinen grünen Ufern. Der Bachverlauf führt in das Tal **⑥ Þjófadalir** westlich des Bergs, wo die nächste Hütte steht. Das geschützte Tal war in früheren Zeiten Versteck für Wegelagerer, daher sein Name „Tal der Diebe".

INSIDER-TIPP
Wasser pur

ZURÜCK IN DIE ZIVILISATION

Heute geht es zunächst auf den Pass Þröskuldur. Dann brauchst du nur noch der *Jeeppiste F 735 nach* **⑦** Hveravellir ➤ S. 108 *zu folgen.* Dort kannst du dich im Hot

Pot erholen und brauchst nicht mehr selber kochen, sondern kannst die kleine Cafeteria aufsuchen. Hütte und Zeltplatz sind vorhanden. Na, gleich noch Lust auf weitere Touren?

❸ ÖSKJULEIÐ:
DIE GRAU-GRÜNE HERAUSFORDERUNG

➤ Durch die schwarz-graue Lavawüste Óðáðahraun
➤ Abenteuerliche Fahrt vorbei an Flüssen und Oasen
➤ Wandern auf junger Lava

📍 Mývatn	🏁 Holuhraun
→ 170 km	🚗 2 Tage, reine Fahrzeit 5 Stunden

ℹ️ Kosten: 400 Euro/2 Personen inkl. Mietjeep, Benzin, Übernachtung
Mitnehmen: Zelt, Schalfsack & Co., Verpflegung
Hüttenplatz vorab buchen und zahlen *(fi.is)*.
Wetterbericht beachten *(vedur.is)*: bei Sturmwarnung nicht fahren!
Unbedingt Wanderschuhe auf der Fahrt anziehen. Durchquere Flüsse möglichst, wenn andere Fahrzeuge dabei sind: Schau am besten, wie und wo andere queren, denn die tiefsten Rinnen sind meist nicht optimal. Im Wasser gegen die Strömung steuern.
Je früher am Morgen du aufbrichst, desto niedriger ist der Wasserstand.

DURCH DEN ERSTEN FLUSS REIN INS NATURSCHUTZGEBIET

Du startest am ❶ Mývatn ➤ S. 82, *die Jeepspur F 88 beginnt rund 40 km östlich.* Zunächst kommst du am Krater ❷ Hrossaborg vorbei, dessen teilweise eingefallener Rand 40 m emporragt – der lädt geradezu ein, hinauf zu gehen und die Lavalandschaft schonmal auf-

TAG 1	
❶ Mývatn	
36 km	25 Min.
❷ Hrossaborg	
38,5 km	1 Std. 20 Min.

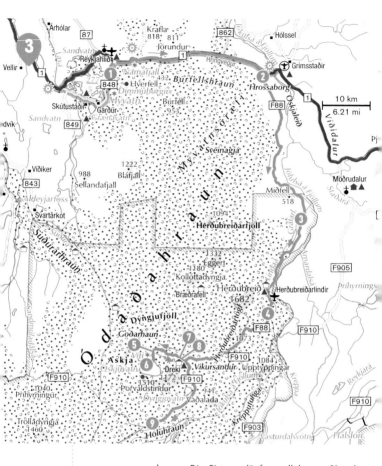

zunehmen. *Die Piste verläuft parallel zum Gletscherfluss Jökulsá á Fjöllum,* der vom Vatnajökull kommt.
Meist kannst du den Fluß nur hören. Die erste Furt führt
über die **❸** Grafarlandaá. Ab hier beginnt ein Naturschutzgebiet, das sich bis nach Herðubreiðarlindir erstreckt. Dort grenzt es an den Nationalpark Vatnajökull.
Bevor du diesen lauschigen Platz mit sprudelnden Bächen und vielfarbigem Grün erreichst, geht es noch
durch den Fluss Lindaá.

❸ Grafarlandaá
20 km 20 Min.

❹ Herðubreiðarlindir
44 km 1 ½ Std.

In der Oase **❹** Herðubreiðarlindir ➤ S. 112 heißt es
stoppen. Spazier durch das nahe gelegene Lavafeld aus

Stricklava. Wie Taue, verdreht und dicht nebeneinander liegend, sieht der Boden aus. Diese Form entsteht durch das Zusammenschieben dünnflüssiger, gasarmer Lava. Der Held des Hochlands ist Islands legendärer Outlaw Fjalla Eyvindur ("Eyvindur aus den Bergen"), der den Winter 1774/75 hier verbrachte.

IM TRAININGSGELÄNDE DER MONDFAHRER

Die weitere Fahrt führt am 8 km langen Tuffrücken Herðubreiðartögl (1059 m) südlich des Bergs Herðubreið vorbei. Hier besteht der Untergrund vor allem aus heller Bimsasche, die bei Sturm Hunderte von Kilometern weit getrieben wird. Das Vulkanmassiv Dyngjufjöll, mit der Caldera Askja ➤ S. 113, ist das Ziel. Am Nordrand der Caldera liegt der Explosionskrater ❺ Víti mit seinem milchigen Wasser und mittendrin der geheimnisvolle See ❻ Öskjuvatn. *Vom Parkplatz geht es wieder zurück zur Hütte ❼ Dreki* mit einem Zeltplatz, auf dem du übernachten kannst. Übrigens war die Lava entlang des Wegs Trainingsgebiet für die Astronauten 1968, als Vorbereitung für die Mondlandung 1969.

Unternimm noch einen Abendspaziergang in die Schlucht ❽ Drekagil mit ihren bizarren Lavagebilden, die an Drachenköpfe erinnern. **Am Ende ist ein wunderschöner Wasserfall.** *Der Eingang zur Schlucht liegt gleich hinter der Hütte Dreki.*

INSIDER-TIPP
Verborgener Wasserfall

NEUE MONSTER ZUM ABSCHLUSS

Von Dreki führt die F 910 in Richtung Süden zur "neuen Lava" von ❾ Hóluhraun ➤ S. 113. Sie stammt von einem Ausbruch des Báðarbunga, der acht Monate dauerte und im Frühjahr 2015 endete. Die begehbare, neuen Lavaflächen sind ausgewiesen. Scharfkantig und wild aufgeworfen ist das Lavagestein, fast an jeder Ecke scheint ein kleines Monster zu lauern.

Wenn du Zeit hast, kannst du noch eine schöne Wanderung um die Caldera machen. Ansonsten *fährst du die Strecke wieder zurück* aus der Lavawüste hinaus.

❺ **Víti**

1 km   15 Min.

❻ **Öskjuvatn**

10,5 km   50 Min.

❼ **Dreki**

300 m   5 Min.

❽ **Drekagil**

TAG 2

19 km   30 Min.

❾ **Hóluhraun**

GUT ZU WISSEN
DIE BASICS FÜR DEINEN URLAUB

ANKOMMEN

ANREISE

Mit dem Flugzeug ist es einfach und Airlines, die nach Island fliegen, gibt es reichlich. Frühzeitig gebucht, findest du auch für den Sommer Angebote. Generell günstiger ist es natürlich in der Nebensaison. Welche Airlines aktuell nach Island fliegen, steht unter: *isavia.is/en/keflavik-airport/flight-schedule/airlines*

Bei der Ankunft kannst du im Duty-free einkaufen. Es lohnt sich, denn die Preise sind generell niedriger als „draußen" – auch viele Isländer schlagen hier nach ihrer Rückkehr aus dem Ausland zu. Von Alkohol, Parfüm, Tabak und Süßigkeiten bis hin zu DVDs und Computerspielen – das alles findest du hier.

INSIDER-TIPP
Duty-free-Einkauf wie die Isländer

Vom Flughafen Keflavík fahren Shuttle-Busse nach Reykjavík zum BSÍ-Busbahnhof (45 Min. Fahrzeit). Tickets kann man im Internet *(re.is/flybus und airportdirect.is)* oder im Flughafen kaufen. Vom Busbahnhof BSÍ gibt es Zubringerbusse zu Hotels und Hostels.

Wenn du Island auf dem Wasserweg erreichen oder/und mit deinem eigenen Fahrzeug erkunden möchtest, dann kommst du mit der Fähre „Norröna" der Smyril Line in Seyðisfjörður an. Die Abfahrt ist in Hirtshals (Dänemark). Tarife, Fahrpläne und Konditionen unter *smyril-line.com*. Auch hier gilt: früh buchen und möglichst außerhalb der Hauptsaison fahren.

EINREISE

Reist du aus einem Land des Schengen-Abkommens ein, so gibt es keine Passkontrolle, dennoch solltest du Pass oder Personalausweis dabei

---

Bei solchen Ausblicken muss man sich zwingen, auf die Straße zu schauen

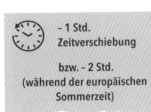

– 1 Std.
Zeitverschiebung

bzw. – 2 Std.
(während der europäischen
Sommerzeit)

haben. Alle anderen Reisenden werden kontrolliert.

Bei der KFZ-Einfuhr musst du Reisepass, Führerschein, KFZ-Schein und internationale Versicherungspolice vorzeigen. Die grüne Versicherungskarte oder andere Versicherungen sind obligatorisch, sonst musst du bei Ankunft eine Haftpflichtversicherung abschließen.

Reitkleidung und -ausrüstung, die außerhalb Islands benutzt wurden, müssen von einem Veterinär vorab desinfiziert und eine entsprechende, offizielle Bescheinung bei der Einreise vorgelegt werden. Andernfalls werden die Sachen kostenpflichtig bei der Einreise desinfiziert.

KLIMA & REISEZEIT

Die beliebteste und belebteste Reisezeit ist von Juni bis August, mit den höchsten Durchschnittstemperaturen von 13 °C, der niedrigsten Regenwahrscheinlichkeit und den längsten Tagen.

Wunderschön ist der September: Herbst in Island mit bunter Vegetation und goldenen Tönen. Ein anderer beliebter Reisemonat ist der Mai mit langen, hellen Tagen, den ersten Blumen und Knospen. Zudem findet dann das *Reykjavík Art Festival* statt, und das Leben draußen beginnt.

Im Winter kann es aufgrund des Windes sehr kalt werden, andererseits kannst du dann die wunderbaren Nordlichter erleben. Grundsätzlich gehören ins Reisegepäck: Regenzeug, Pullover und Sonnenbrille.

ZOLL

Alkohol und Zigaretten dürfen in entsprechenden Mengen eingeführt werden. Generell verboten ist die Einfuhr von Tieren, Rausch- und Betäubungsmitteln, Frischfleisch, frischen Molkereiprodukten und Eiern. Infos unter *tollur.is*

Die Ausfuhr geschützter Pflanzen, von Eierschalen, Vogeleier, Nestern, Vögeln und auch von jedweden Steinen ist verboten. Ebenso die Ausfuhr historisch oder archäologisch bedeutender Artefakte.

WEITER-KOMMEN

AUTO

Die zulässige Höchstgeschwindigkeit beträgt innerorts 50 km/h, auf Landstraßen mit Schotterbelag 80 km/h und 90 km/h bei Asphaltbelag. Die Schotterdecken bieten dem Fahrzeug häufig wenig Halt.

Unübersichtliche Straßenkuppen sind mit dem Warnschild „blindhæð" gekennzeichnet. Frei laufende Schafe haben in Island immer Vorrang. Abblendlicht auch tagsüber ist Vorschrift; es gelten Anschnallpflicht für alle Mitfahrenden und die Null-Promillegrenze.

Für Hochlandstrecken brauchst du einen Geländewagen. Über *road.is* erhälst du Informationen, welche Hochlandstrecken geöffnet sind und auch alle wichtigen Regeln zum Fahren in Island.

Das Befahren der Pisten vor deren Öffnung wird mit Bußgeldern bestraft und es wird entsprechend kontrolliert. Ebenso ist es strikt verboten, außerhalb der Wege und Fahrspuren zu fahren.

Abgesehen vom Hochland ist das Tankstellennetz relativ dicht. In Reykjavík und den größeren Orten sind die Tankstellen meist bis 24 Uhr geöffnet. Hier kannst du mit Kreditkarten an Selbstbedienungsautomaten tanken. Bleifreies Super (95 Oktan), Super (98 Oktan) sowie Diesel *(dísel)* sind erhältlich.

MIETWAGEN

Fast in jedem größeren Ort gibt es Autovermieter. Lohnend ist es immer, die Preise der verschiedenen Anbieter zu vergleichen; der kleinste Wagentyp kostet im Sommer rund 80 Euro pro Tag.

Die Leihwagen sind relativ neu und den isländischen Erfordernissen angepasst. Der Fahrer muss mindestens 20 Jahre alt sein – für Wagen mit Vierradantrieb 23 Jahre – und seit einem Jahr den Führerschein haben. Wer mit einem gemieteten PKW ins Hochland oder auf Allradpisten fährt, bezahlt eine Strafe.

ÖFFENTLICHE VERKEHRSMITTEL

Das Linienbusnetz im Land ist sehr gut ausgebaut, zudem werden in den Sommermonaten verschiedene Buspässe mit zusätzlichen Ermäßigungen angeboten. Du kannst an jeder beliebigen Stelle der Strecke aus- und einsteigen. Informationen über Touren, Fahrpläne, Preise und Angebote: *Des-*

FESTE & EVENTS
RUND UMS JAHR

FEBRUAR
Winter Lights Festival (Reykjavík): Lichtinstallationen in der Stadt und die Pool-Nacht in den Schwimmbädern. *winterlightsfestival.is*

MÄRZ
DesignMarch (Reykjavík): Alles zu und über Design. *designmarch.is*

APRIL
Internationales Literaturfestival (Reykjavík): jedes 2. Jahr, nächstes: 2025. *bokmenntahatid.is*

MAI
Reykjavík Arts Festival: internationale und nationale Künstlern aus allen Sparten; jedes 2. Jahr, nächstes 2024. *listahatid.is*

JUNI
Tag der Seeleute (landesweit): Am ersten Juniwochenende
Wikinger Festival (Hafnarfjörður)

JULI
Ende des Vulkanausbruchs (Heimaey): am ersten Juliwochenende
Reykjavík Fringe Festival: Junge, innovative Kunst aus Island. *rvkfringe.is*

AUGUST
Gay Pride (Reykjavík)
Reykjavík-Marathon: *marathon.is*
Kulturnacht (Reykjavík): Alle Veranstaltungen sind kostenlos (Foto).

SEPTEMBER
Schafsabtrieb und Pferdeabtrieb (im ganzen Land)

SEPTEMBER/OKTOBER
Reykjavík International Film Festival (Reykjavík): *riff.is*

OKTOBER/NOVEMBER
Iceland Airwaves Festival (Reykjavik): *icelandairwaves.is*

Die Strætó-Busse fahren mit Wasserstoff

tination Iceland (BSÍ-Busbahnhof | *bsi. is*).

Strætó ist das Reykjavíker Busunternehmen mit etlichen Landverbindungen. Wenn du vor allem mit dem Bus fahren willst, lade dir die Strætó-App herunter. Infos: *straeto.is*.

Einen guten Überblick über die Busverbindungen und -unternehmen gibt der Plan zum Downloaden unter: *publictransport.is*.

Air Iceland (airiceland.is) und *Eagle Air (ernir.is)* fliegen zu zahlreichen Orten auf der ganzen Insel, außerdem bieten sie zusätzlich auch Charterflüge an.

IM URLAUB

AUSKUNFT

Umfassende Infos über Island, Broschüren zum Download: Isländisches Fremdenverkehrsamt *visiticeland.com iceland.is*: Die offizielle Island-Seite (englisch) mit umfangreicher Linkliste. In den meisten Orten sind Touristeninformationen, die auch über die Region informieren.

iceland.de: Aktuelle Infos über Island mit zahlreichen Serviceangeboten.

islandreise.info: Gute Reiseinformationen aus dem unmittelbaren Erleben.

FEIERTAGE

1. Jan.	Neujahr
Gründonnerstag, Karfreitag, Ostermontag	
3. Do im April	1. Sommertag
1. Mai	Tag der Arbeit
Christi Himmelfahrt, Pfingstmontag	
17. Juni	Nationalfeiertag
1. Mo im Aug.	Handelsfeiertag
24.–26. Dez.	Weihnachten
31. Dez.	Silvester

GELD

Du kannst überall mit EC- und Kreditkarten zahlen. Mastercard und Visa werden landesweit akzeptiert. Falls Privatleute nur Bargeld nehmen, es gibt zahlreiche Automaten.

Die isländische Währung ist die króna (ISK). Aktueller Wechselkurs siehe: *cb.is*. Der Kurs schwankt regelmäßig.

ÖFFNUNGSZEITEN

Läden haben Mo–Fr von 9 bis 18, Sa von 9 bis 16 Uhr geöffnet, einige Supermärkte sind täglich 24 Stunden offen.

Die Einkaufszentren Kringlan in Reykjavík und Smáralind in Kópavogur haben einen langen Donnerstag und sind sonntags geöffnet (nicht im Sommer). Kioske *(sjópa)* verkaufen meist bis 23.30 Uhr u. a. Getränke und einige Lebensmittel.

PREISE & TRINKGELD

Das Preisniveau liegt rund 35 Prozent höher als in Deutschland, vor allem Alkoholika sind teuer. Selbstversorger kaufen am günstigsten in den Bónus-Läden ein. Wer natürlich genauso kauft wie in Deutschland – viel Fleisch und Wurstwaren –, der bezahlt deutlich mehr.

Trinkgelder sind in Island im Endpreis enthalten, und die Isländer belassen es auch dabei. Viele Touristen geben dennoch ein Trinkgeld, was aber nicht erwartet wird.

WAS KOSTET WIE VIEL?

Busfahrt	3,50 Euro *für die Stadtbus-Fahrt in Reykjavík*
Souvenir	ab 150 Euro *für einen handgestrickten Island-Pullover*
Bier	ab 8 Euro *für 0,5 l in der Bar*
Kaffee	ab 3,50 Euro *für zwei Tassen*
Imbiss	2 Euro *für einen Becher Skyr mit Früchten*
Schwimm-bad	8 Euro *für den Eintritt in Reykjavík*

ÜBERNACHTEN

Übernachten kannst du in Island von 1000-Sternen – sprich im Zelt – bis zum Hostel oder einfachen Gästezimmer. In der Hauptsaison sind die Preise vor allem in Reykjavík hoch bis sehr hoch.

Die meisten Unterkünfte lassen sich über die bekannten Buchungsplattformen reservieren.

INSIDER-TIPP
Günstig schlafen

Günstiger ins Vier-Sterne-Hotel kommst du vor allem in der Nebensaison, aber oft auch, wenn du direkt auf der Hotel-Website buchst. Quasi: Vier-Sterne zum Preis von Zweien. Mit Ausnahme von Radisson SAS oder Hilton gibt es nur isländische Hotelketten, wie die *Icelandair-Hotels (icelandairhotels.com)*, zu denen auch die drei einfachen *Edda-Hotels* gehören, oder die *Foss-Hotels (fosshotel.is)*. Etliche von ihnen liegen in landschaftlich sehr reizvoller Umgebung.

Unter dem Namen „Hey Iceland" bieten die zu einer Dachorganisation zusammengeschlossenen Bauernhöfe und Gästehäuser außer Übernachtungen noch eine ganze Reihe von Aktivitäten wie Reiten, Angeln, Jagen, Schwimmen und Schafabtrieb an. *Informationen: heyiceland.is*.

Bei einigen dieser Bauernhöfe kann man auch Sommerhäuser mieten. Entsprechende Hinweise findest du auf *heyiceland.is/about-us*. Die Buchung erfolgt dann über „Hey Iceland".

Außerdem gibt es Reiseveranstalter, die private Sommerhäuser oder Ferienwohnungen anbieten, doch muss man oft eine ganze Woche buchen, z. B. bei *katla-travel.is*. Es gibt zudem noch den Anbieter *Viator (viator.is, auch auf Deutsch)*.

Die Zahl der Jugendherbergen wächst stetig. Die 24 Jugendherbergen des Verbandes stehen jedermann ohne Altersbegrenzung offen. Infos und Broschüre mit Beschreibungen beim

Jugendherbergsverband *Bandalag Íslenskra Farfugla (Reykjavík | Sundlaugavegur 34 | Tel. 5 75 67 00 | hostel. is)*. Außerdem gibt es viele private „Hostels", einfache Unterkünfte zu meist akzeptablem Preis.

Wanderhütten gehören den isländischen Wandervereinen (s. Sport–Bergsteigen, S.32) und Schlafplätze buchst du am besten vorab.

Es gibt ca. 170 Zeltplätze mit unterschiedlicher Ausstattung, von denen die meisten von Juni bis August geöffnet haben. Der Standard ist sehr unterschiedlich. Im Schnitt bezahlt man pro Person und Nacht rund 2000 ISK (plus Zelt).

Neben den 40 Zeltplätzen, die sich für die *Camping Card* zusammengeschlossen haben, gibt es in vielen kleinen Orten weitere Plätze, die meistens direkt neben dem Schwimmbad liegen. Plätze werden gelistet unter: *nat.is/camping-in-iceland*

Die ☞ *Camping Card* ist ab der Eröffnung der Campingsaison bis zum 15. September gültig und kostet 159 Euro. Die Karte gilt für zwei Erwachsene und ☎ bis zu vier Kinder (bis 16 Jahre). Zusätzlich erhältst du Rabatt an den Olís- und ÓB-Tankstellen. *Infos: cam pingcard.is.*

Wildes Campen im Zelt oder Wohnmobil ist nicht gestattet.

VORWAHLEN

Telefonate nach Island: 00354, danach die Teilnehmernummer.

Telefonate von Island:
Deutschland 0049,
Österreich 0043,
Schweiz 0041;
dann jeweils die Ortskennzahl ohne die 0.

NOTFÄLLE

DIPLOMATISCHE VERTRETUNGEN
Botschaft der Bundesrepublik Deutschland
Laufásvegur 31 | 101 Reykjavík | Tel. 5 30 11 00 | info@reykjavik.diplo. de | reykjavik.diplo.de
Österreichisches Konsulat
Orrahólar 5 | 111 Reykjavík | Tel. 5 57 54 64 | arni-siemsen@simnet.is
Schweizer Generalkonsulat
Laugavegi 13 | 101 Reykjavík | Tel. 5 51 71 72 | reykjavik@honrep.ch

GESUNDHEIT

Bei akuter Erkrankung oder Unfällen wendet man sich am besten an die Unfallstation *(slysadeild)* eines Krankenhauses *(sjúkrahús)* oder direkt an einen Arzt *(læknir)*. Arztrechnungen sind bar zu bezahlen. Sprich am besten vor der Reise mit deiner Krankenkasse, um zu klären, welche Kosten im Krankheitsfall übernommen werden. Es empfiehlt sich zudem der Abschluss einer Reisekrankenversicherung.

Apotheken *(apótek)* erkennt man an einem Kreuz und der Aufschrift „Lyf og heilsa". Sie haben die allgemeinen Ladenöffnungszeiten, mindestens eine ist in Reykjavík rund um die Uhr dienstbereit.

Wer auf die regelmäßige Einnahme von Medikamenten angewiesen ist, sollte einen Vorrat mitnehmen. Man erhält nicht die bei uns bekannten Präparate.

NOTRUF

Landesweite Notrufnummer: 112

WICHTIGE HINWEISE

MOBILTELEFON

In Island telefoniert – außer Firmen und Behörden – niemand mehr über Festnetz. Fast jeder Besucher hat inzwischen Roaming, sprich ansonsten vorab mit deinem Anbieter und lass es dir ggf. einrichten. Prepaidkarten kann man mit entsprechender Simkarte und dazugehörender isländischer Nummer bei der Telefongesellschaft *Síminn* kaufen (Infos unter *Tel. 800 70 00*). Man erhält sie zudem an Tankstellen oder Kiosken. Inzwischen deckt das Funknetz bis auf einige abgelegene Hochlandregionen ganz Island ab; Abdeckung unter: *Síminn (siminn.is).*

WETTER IN REYKJAVÍK

Hauptsaison
Nebensaison

	JAN.	FEB.	MÄRZ	APRIL	MAI	JUNI	JULI	AUG.	SEPT.	OKT.	NOV.	DEZ.
Tagestemperaturen	2°	3°	5°	6°	10°	13°	15°	14°	12°	8°	5°	4°
Nachttemperaturen	-3°	-3°	-1°	1°	4°	7°	9°	8°	6°	3°	0°	-2°
☀	1	2	4	5	7	5	7	6	4	3	2	1
☂	14	12	12	12	10	10	10	12	13	14	14	15
≈	4°	4°	4°	5°	7°	9°	11°	11°	10°	7°	6°	5°

☀ Sonnenschein Stunden/Tag ☂ Niederschlag Tage/Monat ≈ Wassertemperatur in °C

SPICKZETTEL
ENGLISCH

NÜTZLICHES

Wo finde ich einen Internetzugang/WLAN?	Where can I find internet access/Wifi?	wär känn ai faind 'internet 'äkzäss/waifai?
Ich möchte ... Euro wechseln.	I'd like to change ... euro.	aid laik tu tschäindsch ... iuhro
Ich möchte ein Auto/ein Fahrrad mieten.	I would like to rent a car/a bicycle.	ai wud laik tə ränt ə kahr/ ə 'baisikl.
Darf ich fotografieren?	May I take a picture?	mäi ai täik ə 'piktscha?
Fahrplan/Fahrschein	schedule/ticket	'skädjuhl/'tikət
Fieber/Schmerzen	fever/pain	fihvə/peyn
Apotheke/Drogerie	pharmacy/chemist	'farməssi/kemist
kaputt/funktioniert nicht	broken/doesn't work	'brəukən/'dasənd wörk
Panne/Werkstatt	breakdown/garage	'bräikdaun/'gärasch
Hilfe!/Achtung!/ Vorsicht!	Help!/Attention!/Caution!	hälp/ə'tänschən/'koschən

ZEIGEBILDER

ESSEN & TRINKEN

Die Speisekarte, bitte.	The menu, please.	Də 'mänjuh plihs
Messer/Gabel/Löffel	knife/fork/spoon	naif/fohrk/spuhn
Salz/Pfeffer/Zucker	salt/pepper/sugar	sohlt/'päppə/'schuggə
Essig/Öl	vinegar/oil	'viniga/oil
mit/ohne Eis/Kohlensäure	with/without ice/gas	wiD/wiD'aut ais/gäs
Vegetarier(in)/Allergie	vegetarian/allergy	wätschə'täriən/'ällədschi
Rechnung/Quittung	bill/receipt	bill/ri'ssiht
Ich möchte zahlen, bitte.	May I have the bill, please?	mäi ai häw De bill plihs
bar/Kreditkarte	cash/credit card	käsch/krädit kahrd

ISLÄNDISCH SPRECHEN

| Æ, æ: wie ei | ll: wie dl | Á, á: wie au | Ú, ú: wie u | Þ, þ: hartes th, wie thing |
| hv: wie kw | au: wie öi | V, v: wie w | U, u: wie ü | Ð, ð: weiches th, wie the |

ja/nein	já/nei
bitte/danke	gerðu svo vel/takk fyrir
Entschuldigung!	Afsakið!
Guten Tag!/Guten Abend!	Góðan daginn!/Gott kvöld!
Auf Wiedersehen!	Vertu sæll! (zu Männern)/Vertu sæl! (zu Frauen)
Tschüss!	Bless!
Ich heiße ...	Eg heiti ...
Ich komme aus ...	Eg er frá ...
... Deutschland	... Þýskalandi
... Österreich/... Schweiz	... Austurríki/... Sviss
Ich verstehe Sie nicht.	Eg skil ekki neitt.
Wie viel kostet es?	Hvað kostar það?
Bitte, wo ist ...?	Afsakið, hvar er ...?
1/2/3/4/5/6/7/8/9/10/20/100	einn/tveir/þrír/fjórir/fimm/sex/sjö/átta/níu/tíu/tuttugu/hundrað

URLAUBS FEELING

ZUM EINSTIMMEN & AUSKLINGEN

LESESTOFF & FILMFUTTER

📖 ISLAND 151
Von A wie Aluminium über EU, Fußball und Tourismus bis Z wie Zeitmanagement zeigt Sabine Barth Facetten der nordischen Insel (2023).

📖 BETRUG
Lilja Sigurðiardóttirs Krimis legen die Machenschaften in Island offen. In diesem Thriller wird eine Innenministerin verheizt (dt. 2022).

🎥 LAMB
Das Debüt des isländischen Regisseurs Vladimir Jóhannsson mit Noomi Rapace und Hilmir Snær Guðnason. Mystisch und schwermütig ist die Geschichte eines besonderen Lamms (2022).

📖 KALMAN
Er ist schon sehr speziell, Jochen Schmidts Held. In Raufarhöfn spielt der Roman, reich an Geheimnissen und Überraschungen (2020).

🎥 TRAPPED – GEFANGEN IN ISLAND
Fünfteilige Serie von Baltasar Kormákur. Unheil im winterlichen Siglúfjördur, abgeschnitten vom Rest der Welt. Spannend und düster (2017).

PLAYLIST QUERBEET

0:58

II SIGUR RÓS – STARÁLFUR
Der Sound ihres zweiten Albums „Ágætis Byrjun" führte zu weltweitem Ruhm

▶ JÓN LEIFS – GEYSIR
Alle Phasen eines Geysirausbruchs – orchestral umgesetzt

II SAMARIS – R4VIN
Björk ist von der Band besessen – wohl auch, weil sie etwas an ihr Frühwerk erinnert...

▶ SIGRÚN – VÍTAHRINGUR
Sigrún macht experimentelle Industrial Music mit abstrakten Harmonien. Es macht Laune, das anzuhören.

II ASDFHG – STEYPA
Steinunn Jónsdóttir singt flirrend und fast verzaubernd zu ihrer elektronischen Musik. Ein großes Talent, das 2016 auf dem Musik-Festival sónar entdeckt wurde.

Den Soundtrack zum Urlaub gibt's auf **Spotify** unter **MARCO POLO** Iceland

Oder Code mit Spotify-App scannen

AB INS NETZ

ICELANDIC COUPONS
Für die Sparsamen gibt es in dieser App Coupons und Spartipps landesweit, denn Island ist teuer...

ISLAND APP GUIDE & REISEFÜHRER
Der Generalist mit seinen Informationen, u.a. zu Tankstellen und Geldautomaten. Wetter und Polarlichter sind auch aufgeführt

ICELAND.DE/AUDIOGUIDES
Audio Guides auf deutsch zu unterschiedlichen Regionen, die du dir gezielt herunterladen kannst. Immer aktuell

GPSMYCITY-APP REYKJAVIK
Diverse Sehenswürdigkeiten Reykjavíks werden hier vorgestellt sowie Karten zu thematischen Stadtrundgängen wie „Museen", „Einkaufen" oder auch „Nachtleben"

APPY HOUR
App der kostfreien Zeitschrift „Grapevine" zur fröhlichen Abendgestaltung in Reykjavík

TRAVEL PURSUIT

DAS MARCO POLO URLAUBSQUIZ

Weißt du, wie Island tickt? Teste hier dein Wissen über die kleinen Geheimnisse und Eigenheiten von Land und Leuten. Die Lösungen findest du in der Fußzeile. Und ganz ausführlich auf den S. 18–23.

❶ Welcher Europäer entdeckte Amerika?
a) Eirík der Rote
b) Leifur Eiríksson
c) Marco Polo

❷ Wie wird Strom in Island erzeugt?
a) Wind, denn es stürmt sehr oft
b) Wasser, das gibt es reichlich
c) Wasser und Geothermie, denn doppelt hält besser

❸ Wie viele Schafe gibt es im Land?
a) Doppelt so viele, wie Einwohner: ca. 700 000
b) Für jeden Isländer ein Schaf: ca. 350 000
c) Die Isländer teilen gerne: ca. 450 000

❹ Wie heißen die Kinder von Einar Jóhannsson?
a) Jorunn und Gísli Jóhannsson
b) Jorunn Einarsdóttir und Gísli Einarsson
c) Jorunn Johannsdóttir und Gísli Jóhannsson

Das sind nur drei von wie vielen Schafen auf der ganzen Insel?

❺ Welche Landsäuger haben die Siedler nach Island gebracht?
a) Alle bis auf den Fuchs
b) Nur Ratten und Mäuse, die klassischen Schiffspassagiere
c) Nur Schafe und Kühe

❻ Wie heizen die Isländer ihre Häuser?
a) Mit Öl und Gas, deshalb die großen Tanks in den Orten
b) Mit heißem Wasser und Strom
c) Mit Strom

❼ Was bedeutet „Þetta reddast"?
a) Es kommt wie es kommt
b) Das kriegen wir schon hin
c) Das ist ein Problem

❽ Wo wohnen die Elfen?
a) Auf den Bäumen, deshalb werden es immer mehr
b) In Vulkanen
c) In Felsen und Felsblöcken

❾ Was war der ehemalige Reykjavíker Bürgermeister Jón Gnarr ursprünglich von Beruf?
a) Autor und Comedian
b) Besitzer einer Privatbank
c) Rechtsanwalt

❿ Wie alt ist Island erdgeschichtlich gesehen?
a) Rund 100 Mio. Jahre
b) 200–250 Mio. Jahre
c) 15–20 Mio. Jahre

⓫ Wofür wird Lava verwendet?
a) Zum Bauen, vor allem Straßen
b) Zum Backen
c) Für die Tennisplätze im Land

REGISTER

LOB ODER KRITIK? WIR FREUEN UNS AUF DEINE NACHRICHT!

Trotz gründlicher Recherche schleichen sich manchmal Fehler ein. Wir hoffen, du hast Verständnis, dass der Verlag dafür keine Haftung übernehmen kann.

**MARCO POLO Redaktion • MAIRDUMONT • Postfach 31 51
73751 Ostfildern • info@marcopolo.de**

Impressum
Titelbild: Am Eingang zu einer Gletscherhöhle (huber-images: T. Mackie)
Fotos: Autorin S. Barth (139); huber-images: M. Delpho (32/33), S. Kremer (27, 54/55), M. Rellini (Klappe vorne außen, Klappe vorne innen, 1, 95, 107), M. Robertz (66), B. Römmelt (10); laif: M. Amme (20), M. Galli (38/39), G. Haenel (9), M. Kirchgessner (78/79), T. Linkel (30/31, 86, 119), laif/hemis.fr: Boisberranger (31), Rieger (8); laif/Le Figaro Magazine: Gladieu (11); laif/robertharding: P. Dieudonne (90/91); Look/age fotostock (89); Look/SagaPhoto (2/3, 136/137); mauritius images: C. Lutz (45), C. Lux (77), M. Runkel (96), I. van der Weil (63); mauritius images/age: L. Castañeda (14/15), R. T. Sigurdsson (60, 82); mauritius images/Alamy: A. Bezuglov (124/125), E. Bjarnason (85), C. Ehlers (49), F. Fuxa (109), J. Lombardo (24/25), R. T. Sigurdsson (43, 100/101, 127); mauritius images/Alamy/Arctic Images (128); mauritius images/Alamy/HomoCosmicos (74); mauritius images/Alamy/maxoliki (59); mauritius images/Alamy/Megapress (134/135); mauritius images/Alamy/RooM the Agency (Klappe hinten); mauritius images/Arctic-Images (28, 99, 102/103); mauritius images/Aurora Photos: A. Peacock (12/13); mauritius images/Cultura: Henn Photography (26/27), G. Karbus Photography (19); mauritius images/imageBroker: O. Krüger (112); mauritius images/John Warburton-Lee: W. Gray (35); mauritius images/Novarc Images: N. Alexander Otto (73); mauritius images/Prisma: M. Galli (52); mauritius images/Westend61: M. Benik (114/115); shutterstock: basiczto (46), Rita_R Gentile (6/7), GuilhermeMesquita (110), S. Hawks (68/69), silky (23), O. Troino (64)

16., aktualisierte Auflage 2023
© MAIRDUMONT GmbH & Co. KG, Ostfildern
Autorin: Sabine Barth
Redaktion: Martin Silbermann
Bildredaktion: Susanne Mack
Kartografie: © MAIRDUMONT, Ostfildern (S. 36-37, 116, 120, 122, Umschlag außen, Faltkarte); © MAIRDUMONT, Ostfildern, unter Verwendung von Kartendaten von OpenStreetMap, Lizenz CC-BY-SA 2.0 (S. 40-41, 51, 56-57, 70-71, 80-81, 92-93, 104-105)
Als touristischer Verlag stellen wir bei den Karten nur den De-facto-Stand dar. Dieser kann von der völkerrechtlichen Lage abweichen und ist völlig wertungsfrei.
Gestaltung Cover, Umschlag und Faltkartencover: bilekjaeger_Kreativagentur mit Zukunftswerkstatt, Stuttgart
Gestaltung Innenlayout: Langenstein Communication GmbH, Ludwigsburg
Spickzettel: in Zusammenarbeit mit PONS Langenscheidt GmbH, Stuttgart
Texte hintere Umschlagklappe: Lucia Rojas
Konzept Coverlines: Jutta Metzler, bessere-texte.de

Printed in China

MIX
Papier aus verantwortungsvollen Quellen
FSC® C124385

MARCO POLO AUTORIN
SABINE BARTH

Reisen nach Island – für Sabine Barth muss das mindestens einmal im Jahr sein, nicht nur, weil sich in diesem (auch geologisch) sehr lebendigen Land ständig etwas ändert, sondern auch, weil sie seine Natur so liebt. Seit 1981 bereist sie Island, hat einige Jahre auf der Insel gelebt und schreibt seitdem für Printmedien und Rundfunk über Land, Leute und Kultur.

BLOSS NICHT!

FETTNÄPFCHEN UND REINFÄLLE VERMEIDEN

IN DER HAUPTSAISON REISEN

Jeder liebt den Sommer, wer aber Island ursprünglich erleben möchte, sollte nicht in der Hauptsaison reisen. In der Nebensaison oder gar im Winter wird Island seinem Image „Natur pur" viel gerechter.

DIE SCHUHE ANLASSEN

Wenn du ein isländisches Heim betrittst, ist es üblich, die Schuhe auszuziehen. Nur wenn du aufgefordert wirst, diese anzubehalten, kannst du es lassen. Höflicher ist es ohne Schuhe.

IN BADEZEUG DUSCHEN

In den Schwimmbädern wird ausdrücklich darauf hingewiesen, dass man sich vor dem Bad gründlich ohne Badekleidung duschen soll. Die isländischen Bäder werden nicht gechlort, deshalb gehen alle gereinigt ins Wasser. Mach es einfach wie die Isländer, dann fällst du nicht als Tourist auf.

IM OUTDOOR-LOOK AUSGEHEN

Isländer legen Wert auf ein gepflegtes Äußeres und kleiden sich entsprechend, wenn sie ausgehen. Vor allem für Reykjavík empfiehlt es sich, stylische Klamotten und nicht nur Outdoor-Kleidung einzupacken.

GEFÄHRDETE VÖGEL STÖREN

Das Fotografieren und Filmen an Nestern von gefährdeten Vogelarten wie Adlern, Falken, Schneeeulen und Krabbentauchern steht unter Strafe. Als Alternative kannst du hervorragende Vogelbücher in Island kaufen.